人力资源总监管理笔记系列

精准招聘
从入门到精通

何立 编著

化学工业出版社

·北京·

内容简介

《精准招聘：从入门到精通》一书由导读和招聘前期准备、招聘组织实施、人员招募与甄选、人员评估与录用、招聘风险控制五章组成。

本书有两个显著的特点：第一，模块化设置，由小提示、实战范本、相关链接、疑难解答等栏目组成，以最直观的形式展示相关知识点，便于读者阅读和学习；第二，实操性较强，本书尽可能做到去理论化，以精确、简洁的方式描述所有知识点，满足读者希望快速掌握管理技巧和技能的需求。

本书文字浅显、语言精练、图文并茂、通俗易懂，不仅可以作为人力资源管理者（HR 经理人）、招聘专员、项目经理、猎头及 HR 新手及职业院校人力资源管理专业的在校学生学习、提升的手册和日常管理工作的"小百科"，还可以作为相关培训机构开展人力资源管理培训的参考资料。

图书在版编目（CIP）数据

精准招聘：从入门到精通/何立编著. —北京：化学工业出版社，2021.5
（人力资源总监管理笔记系列）
ISBN 978-7-122-38592-5

Ⅰ.①精…　Ⅱ.①何…　Ⅲ.①企业管理-招聘　Ⅳ.①F272.92

中国版本图书馆CIP数据核字（2021）第031914号

责任编辑：陈　蕾　王春峰　　　　　　　装帧设计：尹琳琳
责任校对：王　静

出版发行：化学工业出版社（北京市东城区青年湖南街13号　邮政编码100011）
印　　装：大厂聚鑫印刷有限责任公司
710mm×1000mm　1/16　印张15$\frac{1}{2}$　字数239千字　2021年6月北京第1版第1次印刷

购书咨询：010-64518888　　　　　　　　售后服务：010-64518899
网　　址：http://www.cip.com.cn
凡购买本书，如有缺损质量问题，本社销售中心负责调换。

定　　价：68.00元　　　　　　　　　　　　　　　　版权所有　违者必究

前言

随着企业对人才需求的程度不断升级,企业与企业之间的人才争夺战日益激烈,近十年来,HR(Human Resource,人力资源)的招聘工作也变得越来越难,因为企业不仅需要素质优秀的人才,更需要找到人-岗-企业匹配良好的人才。那么,如何通过有效的招聘技巧和方法,快速精准地为企业招聘到适合的人才呢?

这就需要做到精准招聘,科学的招聘理念先行,用先进的招募流程和选拔技术实现良好的人才选聘。只有认同企业文化的人才,才能忠诚与敬业,为企业长期所用。人才往往并不完美,只有坚持用人才所长,才能发现更多的人才。只有看重能力、经验和业绩,舍弃唯学历论的选拔方式,才能寻觅到具有优秀职业特质的人才。

要做好人才招聘工作,充实的准备工作必不可少。能否做好招聘前的准备工作,直接关系到招聘实施是否顺利。一般来说,在招聘前期,应做好如下准备工作:制订招聘计划、撰写职位说明书、设计招聘流程、确定招聘标准。

招聘工作不是只有简单的招聘、面试、办理入职,那些都是招聘管理的"事务性"工作,要系统地进行招聘,还需要从管理的角度实施招聘管理,包括组建专业的招聘团队、选择合适的招聘渠道、发布及时的招聘广告等。

企业的竞争说到底是人才的竞争,人才招募与甄选工作的质量直接决定着一个企业的人力资源质量,关系着企业未来人力资源的开发与利用。成功的招募与甄选工作是使企业在激烈的人才竞争中立于不败之地的先决条件。

在人员甄选工作结束后，招聘进入最后阶段，即人员录用。本阶段主要任务是通过对甄选评价过程中产生的信息进行综合评价与分析，确定每一位应聘者的素质和能力特点，根据预先确定的人员录用标准与录用计划进行录用决策。

招聘的最直接目的就是弥补企业人才的不足，招聘也就成为当前企业发展不可或缺的重要环节。在实践中，很多企业往往认为自己有着录用的主动权，但同时也忽略了招聘过程中可能面临的各种风险。

《精准招聘：从入门到精通》一书由导读（怎样招聘才精准）和招聘前期准备、招聘组织实施、人员招募与甄选、人员评估与录用、招聘风险控制五章组成。

本书有两个显著的特点：第一，模块化设置，由小提示、实战范本、相关链接、疑难解答等栏目组成，以最直观的形式展示相关知识点，便于读者阅读和学习；第二，实操性较强，本书尽量做到去理论化，以精确、简洁的方式描述所有知识点，满足读者希望快速掌握管理技巧和技能的需求。

本书文字浅显、语言精练、图文并茂、通俗易懂，不仅可以作为人力资源管理者（HR经理人）、招聘专员、项目经理、猎头及HR新手及职业院校人力资源管理专业的在校学生学习、提升的手册和日常管理工作的"小百科"，还可以作为相关培训机构开展人力资源管理培训的参考资料。

本书由广东外语外贸大学副教授/硕士生导师（兼任广东省人力资源研究会学术委员/常务理事/副秘书长）何立博士编著，同时，参与文字整理和审稿的还有研究生吕美仪、王力禾、许嘉航、张雯雯等。

由于编著者水平有限，疏漏之处在所难免，敬请读者批评指正。

编著者

目录

导读　怎样招聘才精准

一、具备正确招聘理念 ·· 1

二、提前做好招聘规划 ·· 2

三、精准定位人才需求 ·· 2

四、精细筛选求职简历 ·· 3

五、灵活选择招聘渠道 ·· 3

六、加强运用面试工具 ·· 4

第一章　招聘前期准备

俗话说:"有备无患。"要做好人才招聘工作,充实的准备工作必不可少。能否做好招聘前的准备工作,直接关系到招聘实施是否顺利。一般来说,在招聘前期,应做好如下准备工作:制订招聘计划、撰写职位说明书、设计招聘流程、确定招聘标准。

第一节　制订招聘计划 ·· 6

一、制订招聘计划的作用 ·· 6

二、制订招聘计划应考虑的因素 ·· 6

三、制订招聘计划的流程 ·· 7

　　　　　　实战范本　××公司员工招聘计划书………………………………13

第二节　撰写职位说明书………………………………………………14
　　一、职位说明书的作用………………………………………………14
　　二、职位说明书的内容………………………………………………15
　　　　　　相关链接　与职位说明书有关的概述和指标………………16
　　三、编写职位说明书的要求…………………………………………21
　　　　　　实战范本　职位说明书模板（1）…………………………25
　　　　　　实战范本　职位说明书模板（2）…………………………26

第三节　设计招聘流程…………………………………………………28
　　一、设计招聘流程的目的……………………………………………28
　　二、设计招聘流程的步骤……………………………………………29
　　三、设计招聘流程的要点……………………………………………29
　　　　　　实战范本　××公司管理人员招聘选拔流程图……………31
　　　　　　实战范本　××公司员工招聘录用程序……………………31
　　　　　　实战范本　××外资企业员工招聘录用程序………………32

第四节　确定招聘标准…………………………………………………32
　　一、确定招聘标准的重要性…………………………………………32
　　二、人员招聘的基本标准……………………………………………33
　　三、人员招聘的关键标准……………………………………………35
　　　　　　实战范本　基于胜任能力模型的管理人员选拔方法………36
　　　　　　实战范本　基于招聘有效性和核心能力模型的创新
　　　　　　　　　　　招聘体系………………………………………38

　　【疑难解答】……………………………………………………………45

第二章　招聘组织实施

招聘工作不是只有简单的招聘、面试、办入职，那些都是招聘管理的"事务性"工作，要系统地实施招聘，还需要从管理的角度实施招聘管理，这包括组建专业的招聘团队、选择合适的招聘渠道、发布及时的招聘广告等。

第一节　组建招聘团队 ···································· 50
　一、招聘团队人员的组成 ································ 50
　　　相关链接　如何理解招聘团队中的角色 ············ 51
　二、组建招聘团队的原则 ································ 53
　三、招聘团队管理的要点 ································ 53
　四、招聘团队的合作 ···································· 55
　五、面试官的角色定位 ·································· 56
　　　相关链接　如何成为优秀的招聘面试官 ············ 58

第二节　选择招聘渠道 ···································· 60
　一、内部招聘 ·· 60
　　　实战范本　××公司内部招聘管理案例 ············ 65
　二、网络招聘 ·· 71
　　　相关链接　2019中国网络招聘行业市场格局 ········ 72
　三、校园招聘 ·· 74
　　　实战范本　××公司校园招聘案例 ················ 75
　四、现场招聘 ·· 81
　五、委托猎头公司招聘 ·································· 82
　　　实战范本　委托招聘协议 ························ 83

第三节　发布招聘广告 ···································· 85
　一、设计招聘广告的原则 ································ 85

二、招聘广告应包含的内容 ·· 87
    实战范本　招聘广告 ··· 89
三、传统招聘广告的写作技巧 ·· 90
四、网络招聘广告的写作技巧 ·· 91
五、朋友圈招聘广告的写作技巧 ······································ 94
    【疑难解答】·· 97

第三章　人员招募与甄选

企业的竞争说到底是人才的竞争，人才招募与甄选工作的质量直接决定着一个企业的人力资源质量，关系着企业未来人力资源的开发与利用。成功的招募与甄选工作是使企业在激烈的人才竞争中立于不败之地的先决条件。

第一节　筛选简历 ··· 101
一、简历筛选的标准 ·· 101
二、通过简历获得有效信息 ·· 102
三、结合招聘职位查看客观内容 ···································· 104
    相关链接　从简历判断应聘者是否具有实操经验的方法··· 107
四、查看主观描述 ·· 108
五、初判简历的适合度 ·· 108
六、全面审查简历的逻辑性 ·· 108
    相关链接　虚假简历的表现形式 ································ 109
七、简历的匹配 ··· 109

第二节　组织笔试 ··· 110
一、笔试的作用 ··· 111

二、笔试的类型 ·· 111
　　　　相关链接　校园招聘中常见的笔试题型 ···················· 113
　　三、需要组织笔试的情形 ··· 114
　　四、笔试的目标 ·· 115
　　五、笔试的命题标准 ·· 116
　　　　实战范本　××公司出纳岗位笔试试题 ····················· 119
　　六、笔试的评判标准 ·· 121

第三节　进行面试 ·· 121
　　一、面试前的准备 ··· 121
　　二、设计面试问题 ··· 125
　　　　实战范本　行为面试题目及评价标准 ······················ 127
　　三、实施面试 ·· 130
　　四、对应聘者进行评价 ··· 134
　　　　相关链接　写面试评价的注意事项 ·························· 135

第四节　人才测评 ·· 136
　　一、人才测评与企业招聘的关系 ···································· 137
　　　　相关链接　人才测评对企业招聘管理的作用 ·········· 137
　　二、通过人才测评做好人岗匹配 ···································· 138
　　三、测评工具的选择 ··· 139
　　四、开发适合企业的测评题库 ······································· 140
　　五、建立人才测评体系 ··· 140
　　六、设计不同岗位的测评方案 ······································· 142
　　七、设置科学的测评指标 ··· 145
　　　　实战范本　××企业人才测评方法和指标权重 ········ 145

　　【疑难解答】 ·· 150

第四章　人员评估与录用

在人员甄选工作结束后，招聘进入最后阶段，即人员录用。本阶段主要任务是通过对甄选评价过程中产生的信息进行综合评价与分析，确定每一位应聘者的素质和能力特点，根据预先确定的人员录用标准与录用计划进行录用决策。

第一节　入职信息审查 ·· 154
 一、基本信息审查 ·· 154
 二、劳动关系审查 ·· 155
 三、竞业限制审查 ·· 156
 四、入职体检 ·· 156
 五、其他信息审查 ·· 157

第二节　入职背景调查 ·· 157
 一、背景调查的目的 ··· 157
 二、背景调查的时机 ··· 158
 三、背景调查的对象 ··· 158
 四、背景调查的流程 ··· 158
 五、背景调查的方式 ··· 158
 六、背景调查的内容 ··· 159
   实战范本　背景调查表 ································ 160
 七、背景调查的注意事项 ······································ 162

第三节　薪酬福利沟通 ·· 162
 一、提前告知公司的薪酬原则 ······························· 162
 二、不要开始就谈薪酬 ··· 163
 三、不要直接询问对方期望薪酬 ··························· 163
 四、只告诉对方薪酬范围的下限及中间值 ············· 163

五、考虑好具体岗位薪酬的上下限 …………………………… 164
六、知己知彼掌握薪酬信息 …………………………………… 164
七、弱化应聘者的重要性 ……………………………………… 165
八、薪酬标准要讨论明确 ……………………………………… 165
九、突出强调其他优渥条件 …………………………………… 165
十、抓对对方需求 ……………………………………………… 165
十一、降低应聘者实际心理期望 ……………………………… 166
十二、薪酬谈判的态度应该诚恳 ……………………………… 166
十三、用企业实力吸引应聘者 ………………………………… 166
十四、试用期和转正工资一次谈妥 …………………………… 167
　　　相关链接　决定新员工起薪应考虑的因素 ……………… 167

第四节　放录用通知 ……………………………………………… 168
一、录用通知发放前的调查 …………………………………… 169
二、录用通知的内容 …………………………………………… 169
　　　实战范本　录用通知 …………………………………………… 170
三、录用通知发出的形式 ……………………………………… 171
四、录用通知的发放流程 ……………………………………… 171

第五节　员工入职报到 …………………………………………… 172
一、员工入职前的准备工作 …………………………………… 172
二、新员工报到当天准备工作 ………………………………… 172
三、办理新员工入职手续 ……………………………………… 173
　　　实战范本　员工入职管理规定 ……………………………… 173
四、给新员工做好入职指引 …………………………………… 175
五、安排新员工进行岗前培训 ………………………………… 176
六、帮助新员工快速融入团队 ………………………………… 176
　　　相关链接　新员工入职后该做什么 ………………………… 177

第六节　签订劳动合同 ································ 178
　　一、订立劳动合同的法律依据 ···················· 178
　　二、订立劳动合同的原则 ······················ 178
　　三、订立劳动合同的时间 ······················ 178
　　四、劳动合同的必备条款 ······················ 178
　　五、劳动合同的约定条款 ······················ 181

第七节　入职试用培训 ································ 184
　　一、新员工的培训需求 ························ 185
　　二、培训前的准备 ··························· 186
　　三、培训后的评估 ··························· 187
　　四、新员工培训误区 ·························· 188
　　　相关链接　打破新员工入职培训的陌生感 ············ 189
　　　实战范本　××公司招聘流程完整体系 ·············· 190
　　【疑难解答】 ······························ 196

第五章　招聘风险控制

　　招聘的最直接目的就是弥补企业人力资源的不足，招聘也就成为当前企业发展不可缺少的一个环节。在实践中，很多企业往往认为自己有着录用的主动权，但同时也忽略了招聘过程中可能面临的法律风险。

第一节　撰写招聘广告的风险与防范 ························ 201
　　一、招聘广告的法律性质 ······················ 201
　　二、招聘广告发布的信息应该真实 ················· 202
　　三、招聘广告的内容应该契合招聘岗位的需求 ············ 203
　　四、招聘广告应细化岗位职责 ···················· 203

　　　　五、招聘广告应避免就业歧视 ……………………………………… 203

第二节　招聘过程中的风险与防范 ……………………………………… 205
　　　　一、依法履行告知义务 …………………………………………… 206
　　　　二、不得招用童工 ………………………………………………… 207
　　　　三、不聘用无合法证件的人员 …………………………………… 207
　　　　四、不向求职者收取应聘费用 …………………………………… 208
　　　　五、不要轻视入职审查 …………………………………………… 208
　　　　六、不要忽视入职前的体检 ……………………………………… 208
　　　　七、建立员工档案 ………………………………………………… 209

第三节　高风险招聘对象的识别与防范 ………………………………… 210
　　　　一、主观原因造成的招聘风险 …………………………………… 210
　　　　二、客观原因造成的招聘风险 …………………………………… 210
　　　　三、深入调查应聘者的跳槽动机 ………………………………… 211
　　　　四、招聘后采取不同的考核措施 ………………………………… 211

第四节　录用外国员工的风险与防范 …………………………………… 212
　　　　一、关于外国人的界定 …………………………………………… 212
　　　　二、外国人在中国就业的条件 …………………………………… 212
　　　　　　相关链接　《外国人就业规定》节选 ……………………… 213
　　　　三、用人单位的义务 ……………………………………………… 214
　　　　四、签订劳动合同事宜的处理 …………………………………… 214

第五节　发放录用通知的风险与防范 …………………………………… 215
　　　　一、录用通知的法律性质 ………………………………………… 215
　　　　二、慎重编制录用通知 …………………………………………… 215
　　　　三、谨慎发放录用通知 …………………………………………… 218

第六节　员工试用期间的风险与防范 ·· 219
 一、不签订劳动合同的风险 ·· 219
 二、单独签订试用期合同的风险 ·· 220
 三、不得约定试用期的合同类型 ·· 220
 四、延长试用期期限的风险 ·· 220
 五、试用期内降低福利待遇的风险 ·· 222
  相关链接　《劳动合同法》关于经济补偿的计算 ······················· 224
 六、试用期解除劳动合同的风险 ·· 224
  相关链接　试用期辞退员工的正确方法 ······································· 225

第七节　签订劳动合同的风险与防范 ·· 227
 一、谨慎拟订劳动合同 ·· 227
 二、必须订立书面劳动合同 ·· 228
 三、避免签无效劳动合同 ·· 229
 四、劳动合同文本由用人单位和员工各执一份 ································ 229
 五、对拒签劳动合同的员工立即终止劳动关系 ································ 230
 六、高级管理人员劳动合同的法律风险 ·· 231
 七、为员工办理社会保险 ·· 231
 【疑难解答】 ·· 232

怎样招聘才精准

随着企业人才的竞争日益激烈，HR（Human Resource，即人力资源，全称人力资源管理，又称人事）的招聘工作也变得越来越难，因为企业不仅需要优秀的人才，更需要合适的人才。那么，如何通过有效的招聘技巧和方法，快速精准地为企业招聘到合适的人才呢？其要点如图0-1所示。

图0-1　精准招聘的要点

一、具备正确招聘理念

要实现精准招聘，先要具备正确的核心理念，最好的人才不一定是最适合的人才，企业要的是适合的人才。只有认同企业文化的人才，才能忠诚与敬业，长期为企业所用；坚持用人才之长，人才也不是完美的，要用其之长，弥补企业所缺；学历不能代表能力，关键要能解决问题，经历不同于经验，只有成功的实践才有价值。

二、提前做好招聘规划

"做好招聘规划"虽然是老生常谈，但确实有必要，不一定是长期的人力资源规划，至少是年度的精确招聘计划，要保证有充分的时间和精力去选择人才。这就需要根据企业发展战略和下阶段的发展任务，了解业务部门的动态和业务计划，提前做好应对。

比如，企业今年预期有销售要增长、产能会提升的情况等，这些状况都需要HR跟业务部门做好沟通，做好招聘规划，提前筹划招聘工作。

另外，HR要尽量掌握内部人员的异动状态，业务部门一旦出现重要员工离职，往往会急催HR招聘，招聘需要有周期，紧急状况下的招聘往往会降低招聘要求，降低招聘成功率。

三、精准定位人才需求

所谓人才需求定位，也就是企业到底要什么样的人，什么样的人是企业可以接受的，对需要招聘的人选做一个定位。

1. 深入了解用人部门需求

虽然招聘是HR的主要工作任务之一，但是也不代表与其他部门无关。所以，HR想要精准招聘，需要深入地了解用人部门对招聘岗位的需求，除了查看用人部门提交的招聘需求申报表，还要与用人部门直属主管进行详细沟通，了解招聘岗位的需求、岗位说明书之外的要求、非技能的细节性要求等，只有这样才能确保招聘的人才符合该部门的用人需求。

2. 写出详细的职位描述

如果不能准确地描述正在招聘的职位，除了使HR从一开始就处于劣势外，还有可能导致员工入职后，发现他们的能力、兴趣、财务期望或个性与企业发展不匹配，最终失去的不仅是一位员工，还有可能会浪费招聘员工的时间成本及精力。所以，想要精准地招聘到适合的人才，在发布招聘信息时，需要详细撰写职位描述，例如性别要求、年龄要求、专业要求、经验要求、职业要求以及其他方面的要求。

四、精细筛选求职简历

HR应该严格精细地控制简历筛选和面试。不要一味地追求最优秀的人才，也不要为了完成招聘任务，降低对应聘者符合程度要求。

1.从简历关键词做出快速判断

HR需要在最短的时间里对应聘简历中所呈现出的技能、工作经历等进行初步判定，快速判断求职者的基本条件是否与招聘岗位相吻合。尤其要关注其核心技能是否满足基本条件，并且需要从他的工作经历来初步评估他的发展状态。

2.判断求职者的职业适合性

HR需要用专业的职业定位技术进行全面分析和判断，设计相关问题，对求职者的职业价值观、职业兴趣、职业愿景、技能、能力、天赋等各方面进行全方位了解，这样才能准确无误地判断对方的职业适合性。

五、灵活选择招聘渠道

灵活选择招聘渠道，坚持建立企业内部人才库，是招聘中不可或缺的。

1.有针对性地选择招聘渠道

如今招聘渠道很多，如内部推荐、猎头公司、媒体网络、招聘大会等。不同的招聘渠道各有利弊，特点也不一样，这就需要企业对招聘人员进行区别、分类，有针对性地采取不同的招聘渠道，并和外部机构做好沟通，达到事半功倍的效果，大大提高人才引进的成功率。

对于较常见、普遍的岗位招聘，可以通过大型招聘网站来完成工作；对于专业技术要求较高的岗位（如IT、网络技术相关岗位），可以去一些人气比较旺的技术论坛或SNS社区发布招聘信息，这样更容易找到称心的技术专才。

2.建立企业内部人才库

同时，企业要努力加强内部人才系统库，系统记录每一位员工在教育、培训、经验、技能、绩效、职业生涯规划等方面的信息,这些信息随着员工的自身发展不断更新。如此一来,用人部门和人力资源部门就可以在人才库里找到合适的人来竞聘空缺职位。

六、加强运用面试工具

日常的招聘中,针对不同的层级不同的岗位,HR可以设计不同的招聘流程,如笔试、面试。在具体的面试中,又要加强各种招聘方法和工具的运用,同时配合相应的性格测评、背景调查等辅助措施。

第一章

招聘前期准备

导言

俗话说:"有备无患。"要做好人才招聘工作,充实的准备工作必不可少。能否做好招聘前的准备工作,直接关系到招聘实施是否顺利。一般来说,在招聘前期,应做好如下准备工作:制订招聘计划、撰写职位说明书、设计招聘流程、确定招聘标准。

第一节
制订招聘计划

人员招聘计划作为企业人力资源规划的重要组成部分，为企业人力资源管理提供了一个基本的框架，为人员招聘录用工作提供了客观的依据、科学的规范和实用的方法，能够避免人员招聘录用过程中的盲目性和随意性。

一、制订招聘计划的作用

人才是事业成功的基础，企业的发展也不例外。人才从哪里来呢？一般来说是招聘而来。而招聘工作的好坏，直接影响着企业的人才质量。企业要想高质量地完成招聘工作，找到合适的优秀人才，就要使招聘工作走在业务工作的前面。也就是说，要根据业务发展计划，提前认真制订企业的招聘计划。

然而，有些企业对业务发展计划比较重视，会花费大量的精力去制订计划，但是对人才招聘计划却不够重视，招聘部门往往是临时抱佛脚。其结果不是招不到人才，就是招到的人才不合适，反而影响到了业务的发展。企业的业务计划做得再完美也需要人才来实现，离开了人才一切都是空谈。而招聘是企业人才流入的窗口，招聘计划的好坏，直接影响到企业战略的成败。所以，作为HR，制订招聘计划是非常必要的。优秀的招聘计划能帮助企业招到优秀的人才。

二、制订招聘计划应考虑的因素

简单来说，计划就是对工作的展望。招聘计划一定要以公司的业务发展情况为依据，因为招聘计划是为企业的业务服务的。所以，招聘人员在制订招聘计划时，一定要了解业务的发展情况，了解每个岗位的价值，保证计划与业务发展一致,甚至超前于业务的发展。

1.了解企业当前所处的发展阶段

企业处在不同的发展阶段对人才也有不同的需求,这就决定了招聘计划的内容。例如:企业处于快速发展阶段,就需要从外部大量引进熟悉相关业务的人才,以便快速进入角色,开拓业务;对于发展成熟期的企业,就要内外兼顾,从外部招聘人才能给企业补充新鲜血液,从内部提拔人才则能鼓舞士气、强化团队。所以,制订招聘计划时,一定要了解企业在不同发展阶段的用工特点,然后根据实际情况来制订。

2.重视招聘成本与效益

招聘人员在制订招聘计划时要考虑到招聘成本。人力资源部门是企业的服务部门,不直接创造利润,一般来说经费相对较少。而招聘成本就会占去预算的一大部分。因此,招聘人员要通过职位数量、招聘渠道、招聘周期等一些数据,来判断招聘效益的好坏。所以,招聘人员在制订招聘计划时,要重视招聘的成本与效益。通过有效的招聘渠道,提高招聘效率、降低招聘成本,尽量花最少的钱、用最短的时间,招到最合适的人才。

3.关注公司的发展战略

市场是不断变化的。随着市场的变化,企业的战略也会不断做出调整。企业战略的调整必然会改变企业的业务模式,进而对企业的人才需求和人才结构带来影响。所以,招聘人员一定要关注企业的发展战略,提前制订好招聘计划,为企业的发展规划做好人才储备。

总之,招聘人员在制订招聘计划时,一定要结合企业的发展阶段,关注企业的发展战略,深入到企业的业务发展中,不断缩减招聘成本、提高招聘效益,用优秀的招聘计划作为招聘工作高效进行的开端。

三、制订招聘计划的流程

制订招聘计划的大致流程如图1-1所示。

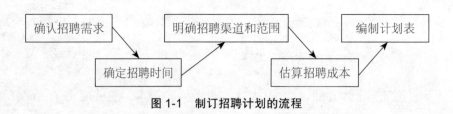

图 1-1 制订招聘计划的流程

1.确定招聘需求

确定招聘需求是组织招聘工作的起点。当用人部门提出招聘需求时，负责招聘的人力资源部和用人部门的上级主管，首先需要对招聘需求进行分析和判断。

（1）招聘需求的产生。企业根据其经营的目的产生招聘需求，并且在不同的阶段，招聘的需求各不相同。企业发展一般包括初创期、成长期、稳定期、衰退期四个阶段，相应的招聘需求如图1-2所示。

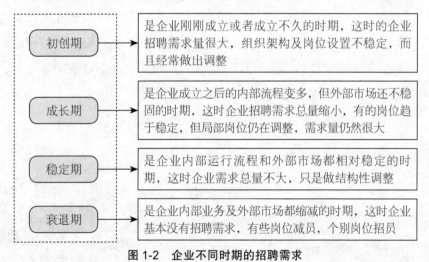

图 1-2 企业不同时期的招聘需求

> **小提示**
>
> 因劳动合同的履行、变更、解除、终止等产生的招聘需求，在企业运行周期的各个阶段都会发生。

（2）提出招聘需求。根据企业统一的人力资源规划，或由各部门根据长期或短期的实际工作需要，填写如表1-1所示的"员工需求申请表"，准确地把握有关企业对各类人员的需求信息，确定人员招聘的种类和数量。

表1-1 员工需求申请表

职位/职级：		部门：		□职工	□职员
直属主管姓名：	职位：	所需数目：		到职日期：	
性质 □固定 □兼职 □临时 时间_____		性别 □男 □女		年龄 □18～20 □26～30 □36～40 □21～25 □31～35 □40以上	
工作地点：					
建议薪金：		最高：		工作时间：	
		最低：		休息日：	
聘请原因					
□替代		替代员工姓名：		职位/职级：	
		离职日期：			
□增加		增加原因：			
□预算		□非预算			
工作内容与职责：					
资格要求：					
学历：					
知识/技能：					
经验：					
个人特性：				其他：	
建议聘请途径		□向外聘请 □内部调升		建议人选：	
建议人： 签名： 日期：	部门经理： 签名： 日期：	复审（人力资源部）： 签名： 日期：		批准（总经理）： 签名： 日期：	

（3）招聘需求的确认。在企业人力资源部及人力资源管理者还无法独立全面判断企业招聘需求的时候，招聘需求大多数是由业务部门主管或经理提出，或者由企业高层决策者提出。因此，对于招聘需求的确认有以下两种形式。

第一种，企业已经制定了定岗定员标准，当提出招聘需求的时候，人力资源部只要将其与标准进行对比，在计划内的则实施招聘工作；不在计划内的，则说明有可能企业经营活动有变化，需要重新上报企业高层进行审批，获得批准后再实施招聘。

第二种，企业没有制定定岗定员标准，当提出招聘需求之后，人力资源部无法确认是否需要实施招聘，则需要直接上报企业高层，由高层确定是否需要实施招聘。这种方式在企业初创期和小规模企业中经常使用。

（4）判断是否真的需要招聘新人。一般来说，在事先制定好的人员预算中的招聘计划是可以直接执行的。当用人部门发现人手紧张时，他们的第一反应往往就是"我们需要招人！"，其实有时候职位空缺或人手不够的情况不一定非要招聘新人，可以通过表1-2所示的方式解决。

表1-2　解决人手不够的方式

序号	解决方式	具体说明
1	将其他部门的人员调配过来	一个部门人员不够，很可能另一个部门有富余的人员，而这些人员恰好可以满足那个部门的人员需求
2	现有人员加班	有些工作任务是阶段性的，若招聘正式员工进来，短期的繁忙阶段过去了，就会出现冗员。如果现有人员适当加班就可以解决问题，那么就不必去招聘新人了
3	工作的重新设计	有时人手不够可能是由于工作的流程不合理或者工作的分配不合理。如果能够对工作进行重新设计，人手不够的问题可能就会迎刃而解
4	将某些工作外包	有些非核心性的工作任务完全可以外包给其他机构来完成。这样我们就可以免去招聘人员的麻烦，而且也减轻了管理的负担

小提示

人力资源部有必要协助用人部门管理者判断一下，是否必须要通过招人来解决问题，即使是招人，也要判断是否一定要招聘正式员工。

2.确定招聘时间

企业应根据人员需求计划,结合对招聘时段分析的结果等,明确何时进行招聘,进而明确招聘各关键环节的时间节点。

在确定招聘时间时,需考虑如图1-3所示的三点内容。

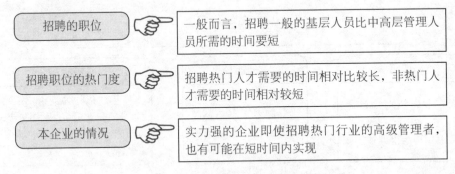

图1-3 确定招聘时间应考虑的因素

> **小提示**
>
> 有效的招聘计划还应该准确地估计从候选人应聘到录用之间的时间间隔。随着劳动力市场条件的变化,这些数据也要相应地发生变化。

3.明确招聘渠道和范围

一个好的招聘渠道应能够达到招聘的要求,能保证在招聘到合适人员的情况下,所花费的成本最小,且具有可操作性。

确定招聘渠道时,首先要考虑的是招聘岗位的特点,如组织的管理人员与专业人员可以在全国范围或区域范围内招聘,技术人员可以在区域或当地劳动力市场上招聘,基层工作人员(如文员和蓝领工人)可以在当地招聘。此外,组织所在地区的经济和技术发展水平和当地的劳动力市场的状况也会影响招聘范围的确定。

4.估算招聘成本

在招聘工作开始前,要对招聘的预算进行估计,便于保证招聘工作的顺利进行,以及日后对招聘效果进行评估。

招聘过程中发生的费用通常包括人工费用、广告费用、中介费用、业务费用（办公费用等）等，有的企业还为应聘者报销食宿及往返路费，这些都要包括在招聘预算中。

招聘成本包括内部成本、外部成本和直接成本，如图1-4所示。通常在做预算的时候，并不考虑内部成本。

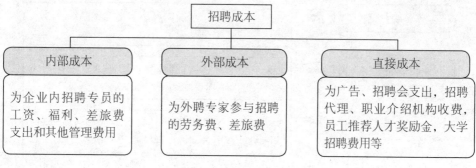

图1-4　招聘成本的组成

5. 编制计划表

招聘计划应明确招聘人员的素质条件、招聘地区和范围以及起点待遇等。招聘计划的基本内容如图1-5所示。

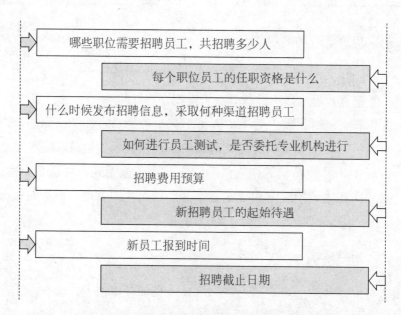

图1-5　招聘计划应包含的内容

下面提供一份××公司员工招聘计划书的范本,仅供参考。

××公司员工招聘计划书

一、招聘目标(人员需求)

职务名称	人员数量	其他要求
软件工程师	8	本科以上学历,35岁以下
销售代表	10	大专以上学历,有相关工作经验3年以上
行政文员	3	专科以上学历,30岁以下

二、选拔方案及时间安排

岗位	工作步骤	责任人	时间安排
软件工程师	资料筛选	研发部经理	截止到5月25日
软件工程师	初试(面试)	研发部经理	5月27日
	复试(笔试)	开发部命题小组	5月29日
销售代表	资料筛选	销售部经理	截止到5月25日
	初试(面试)	销售部经理	5月27日
	复试(面试)	销售副总	5月29日
行政文员	资料筛选	人力资源经理	截止到5月25日
	面试	人力资源经理	截止到5月27日

三、信息发布时间和渠道

《××报》,5月18日。

××招聘网站,5月18日。

四、招聘小组成员名单

组长:王××(经理)全面负责招聘活动。

成员:赵××(薪酬专员),具体负责应聘人员接待、应聘资料整理工作;

　　　刘××(招聘专员),具体负责发布招聘信息,面试、笔试安排。

五、招聘费用预算（合计：××××元）

1.《××报》广告刊登费×××元。

2.××招聘网站信息刊登费×××元。

六、招聘工作时间表

5月11~13日：招聘广告撰写与版面设计。

5月14日：与报社、网站联系。

5月18日：在目标报社、网站刊登广告。

5月19~25日：接待应聘人员、整理应聘资料、筛选资料。

5月26日：通知应聘人员面试。

5月27日：进行面试。

5月29日：进行软件工程师笔试（复试）、销售代表面试（复试）。

5月30日：通知录用。

6月1日：新员工上班。

××公司人力资源部

××××年××月××日

第二节 撰写职位说明书

职位说明书是对企业岗位的任职条件、岗位目的、指挥关系、沟通关系、职责范围、负责程度和考核评价内容给予的定义性说明。

一、职位说明书的作用

职位说明书的作用如图1-6所示。

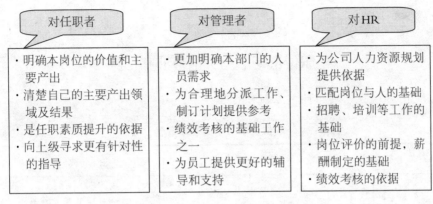

图 1-6　职位说明书的作用

二、职位说明书的内容

职位说明书的基本格式，也因不同的情况而异，但是大多数情况下，职位说明书应该包括图1-7所示的主要内容。

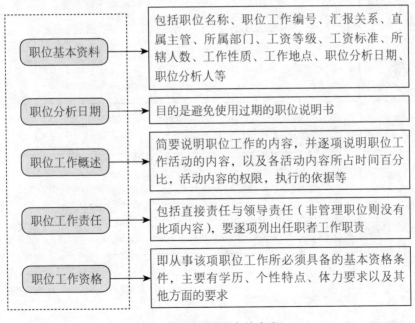

图 1-7　职位说明书的内容

 相关链接

与职位说明书有关的概述和指标

1. 职位说明书中的基本概念

职位说明书中的基本概念

基本概念	定义	备注
工作要素	工作中不能再继续分解的最小活动单位	例如,编制工资发放表
任务	为了达成某种目的而进行的一系列工作要素	例如,汇总部门工资分配表,编制工资发放表
职责	为了取得某种成果而完成的一系列任务的集合	例如,制定工资管理政策,定期发放员工工资,维护和提升员工满意度以及工作积极性
职务	承担相同或相似职责或工作内容的若干职位的总和,以头衔表示	例如,经理、主管、专员
职位	承担一系列工作职责的某一任职者所对应的组织位置,是组织的基本构成单位	职位与任职者一一对应。例如,行政经理、会计主管、招聘专员
职级	根据责任大小、复杂程度以及任职者能力水平高低划分的职位层级	例如,A、B、C、D、E
权限	为了保证职责的有效履行而赋予任职者对某事项进行决策的范围和程度	例如,具有批准预算内5 000元以下费用开支的权限
任职资格	为了保证工作目标的实现,任职者必须具备的知识、技能与能力要求	例如,必须具有电工证,有三年以上大型工厂工作经验
业绩标准	与工作职责相对应的对职责完成的质量和效果进行评价的客观标准	例如,员工满意度90%、空岗率为0、培训计划完成率100%

2. 职位说明书中的通用名词

职位说明书中的通用名词

通用名词	定义
职位目的	阐述职位设置的目的，在组织中有何价值
职位关系图	描述职位报告与督导关系的组织架构图，通常标明职位与直接上级、下级的关系
工作联系	任职者开展工作所应协调的各种人际关系，包括组织内部、外部
工作职责	职位赋予任职者承担的一系列职责
日常工作任务	与工作职责相对应并从职责中提炼出来的，占用任职者较多日常工作时间的工作任务
职位权限	为了保证职责的有效履行而赋予任职者对职责范围内有关事项进行决策的范围和程度
工作特征	主要描述任职者的工作场所、工作时间、工作环境以及工作负荷等情况
工作考核要点	从职责中提炼出来的衡量职责完成质量和效果的关键绩效指标和业绩标准
职位发展	描述任职者的职业发展方向
任职资格	描述任职者必备的教育背景、培训经历、工作经验、必备知识与技能、生理和心理要求等情况

3. 职位说明书中职责和任务描述关键词

职位说明书中职责和任务描述关键词

关键词	含义
管理	监视、执行与总体政策和程序有关的业务环节，保证政策和计划的执行
建议	提供意见，影响最终结果
分配	为特别目的而进行指派
分析	将整体分开，发现本质
评价	评估下属的表现

续表

关键词	含义
批准	正式确认或同意
指派	指派下属完成具体的任务
协助	帮助，支持
保证、确保	确信任务完成或目标实现
出席	参加特定的活动
审查	检查并验证
授权	批准或许可
实施	在工作中行使某种权力
咨询	向他人征求意见
促成	通过某种措施或手段达成计划的结果
协调	系统地组织某项活动以达成组织目标
发展	使活动起来，逐渐丰满、变大、变好
设计、策划	计划或谋划
指示	发出权威性指令
成立	设置或组织，使稳定或固定
执行	落实，使生效
加快	促进、帮助和使容易实现
跟进	关注各项措施执行完毕
制定出	以明确的、系统的陈述提出
指导	传授、教育
实施、落实	完成、进行
发起	开始、着手
整合	完成、汇总、统一
调查	系统检查
发布	正式公布或发行
维持	保持有效性
激励、驱动	启发、激励下属的职能，实现期望的结果

续表

关键词	含义
观察	看，研究
组织	将东西有序地放在一起
创立	创造、设立
监督	监察、指挥
参与	参加，加入，分担
计划	预测，确定目标，制定行动措施
提交	要求事情得到考虑或批准
提议	提出议案
提供	供给，可得到
推荐	建议，希望能得到接受或试用
修改	修订，改变
调查	以全面的方法进行查看
培训	教练、传授如何完成任务
查证	检查并证明

4. 职位说明书中的常用绩效指标

职位说明书中的常用绩效指标

绩效指标	指标定义/计算公式	适用职位
招聘目标完成率	实际招聘岗位人数/计划招聘岗位人数×100%	人力资源管理
员工成功通过试用期的百分比	试用期转正人数/试用人员总数	人力资源管理
人员编制控制率	实际人力编制/计划人力编制×100%	人力资源管理
人力成本总额控制率	实际人力成本/计划人力成本×100%	人力资源管理
员工工资发放出错率	错误发放的工资次数/发放的工资次数	人力资源管理
人均培训天数	全年培训总天数/员工总人数	人力资源管理
培训计划完成率	培训实际完成情况/培训计划情况×100%	人力资源管理
员工自然流动率	离职人数/现有人数×100%	人力资源管理

续表

绩效指标	指标定义/计算公式	适用职位
人员结构比率	各职位层级人数比例符合预期目标；各专业系列人数符合预定目标	人力资源管理
文件制作效率和准确性	按照文件类型及时制作、印发	文秘
机要档案和文件的归档	及时归档	文秘
公文行文规范度	公文出现差错次数	文秘
机要工作的安全性	出现会议精神、公文内容等泄密事件	文秘
公文处理、收发、传递的及时性	机要文件办理不及时的次数及严重程度	文秘
公章使用准确性	用章类型、流程、批准程序正确	行政管理
外事接待任务完成的效率和质量	外事接待工作没有失误	行政管理
档案管理出错率	查出管理有误的档案数量/档案总数×100%	档案管理
档案更新延误率	延误档案更新的数量/档案总数×100%	档案管理
计算机系统的稳定性和安全性	系统出现故障和被病毒侵害的次数	信息管理
信息系统的及时维护率	按要求及时维护的次数	信息管理
网络系统的整体规划质量	系统的科学性、实用性	信息管理
精确并准时的财务报告	提交财务报告延期次数	财务管理
公司总体预算达成率	实际发生总费用/预算总费用×100%	财务管理
财务报表出错率	查出有误的财务报表数量/提交报表总数×100%	财务管理
财务分析出错率	查出有误的财务分析数量/提交的财务分析总数×100%	财务管理
总销售收入	年度销售额	市场营销

三、编写职位说明书的要求

职位工作说明书最好是根据本公司的具体情况进行制定,而且在编制时,要注意文字简单明了,并使用浅显易懂的文字填写;内容要越具体越好,避免形式化、书面化。

1.职位目的

职位目的是指该职位存在的主要目的和价值。用简练而准确的语言来清晰表达本职位在什么条件下,要做什么,以及职位为什么要存在。

(1)职位目的分析要点。这个职位实现了公司及部门的哪些目的和作用?该职位对组织的独一无二的贡献是什么?组织为什么需要这个职位?如果该职位不存在,则对公司或部门造成哪些影响?

(2)职位目的表达形式。格式:"为"—"在"—"做"。即组织贡献(目标)—约束条件(限制)—主要活动(存在理由)。一般只有一句话。在组织中仅有少数职位的目的超过一句话,也就是那些有"多种角色"的职位。

(3)以何为目标。例如:市场、业绩、利润、效率、生产率、质量、服务、期限、安全、持续性。

(4)有何限制。例如:法律、价值观、原则、政策、策略、方针、模型、方法、技术、体系、做法、习惯、程序、条件、模式、规定、常规、指示、规则、准则。

2.工作职责

工作职责指为实现职位目的,该职位任职者需要在哪些主要领域通过哪些主要活动获得什么样的最终结果。职位职责和任务的问题是:应该做什么?职责是职位承担的工作责任和范围。任务是完成某项工作职责时所进行的各项任务,每一项工作职责都是由若干任务组成的。

工作职责部分,应详细描述职位应承担的所有职责,按照程度轻重、范围大小进行排序,遵循"行动+目标"的原则组织语言,语言描述简明扼要,切忌拖泥带水,含混不清。一般采用"参与……,推动……"以及"协助……,实现……"的语言形式。

(1)应负职责的分析要点如下。

① 分析着重于该职位所产出的最终目的或结果;

② 分析着重于达到最终结果所采取的主要活动;

③ 职位主要应负职责分析回答了这个问题:为实现职位的目的,该职位的任职者需要在哪些领域获得什么样的最终结果?

(2)职责描述句式规范。一份好的职位说明书包含了准确描述"需要做什么"的以动词开头的语句,如:可用"起草""审核""执行""指导"等具体动词的,尽量避免用"负责"等笼统的词。例如:每季度起草报告向……;倾听客户的买卖指令……;比较部门实际费用与预算费用的差别……。用动词描述职位的具体职责时,对每一项职责尽可能提供具体的例子来描述,避免只使用"管理""监控"等字眼,而是描述出管理监督的具体事项。

3. 工作关系

工作关系是该职位的汇报关系和在组织中所处的位置,及在工作流程中与上下左右的关系。如图1-8所示。

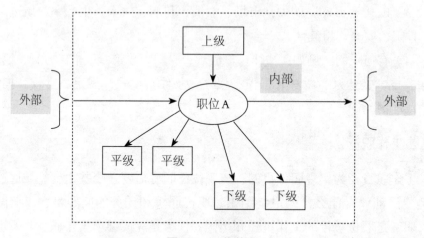

图1-8 工作关系

4. 工作特征

工作特征是指对该职位工作的场所、环境、时间、工作负荷等进行描述。如图1-9所示。

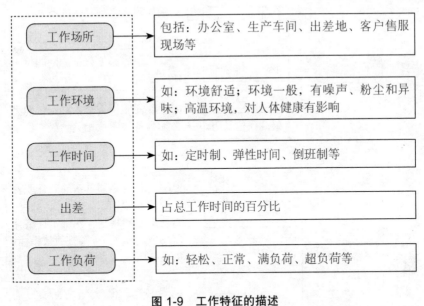

图 1-9 工作特征的描述

5.任职资格

任职资格通常指基本的任职资格和任职素质要求,具体包括图1-10所示四个方面的内容。

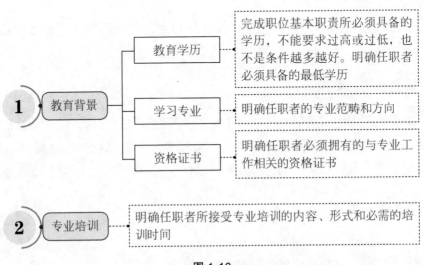

图 1-10

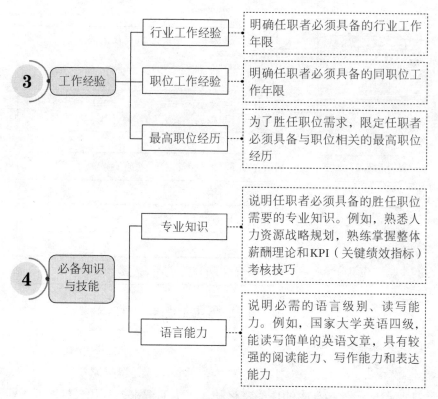

图1-10 任职资格的四个方面

6. 职位权限

职位权限指的是，为了充分达成职位目的，职位所应享有的权限范围。它包括决策权、建议权、监督权、审批权和检查权等。

7. 工作考核要点

职位说明书中所列举的每一项工作职责都应该进行考核，以"绩效指标+衡量标准"的形式说明职位考核要点。要求做到尽量量化工作结果，如果不能量化结果，就要对工作的过程设置控制标准，最终的目的就是便于衡量。

8. 职位发展

职位发展指告诉任职者可以发展的方向。

（1）横向：考虑任职者工作技能的丰富化，可以朝相关多元化发展。

（2）纵向：考虑任职者能力和空间的发展，在职业规划系统内的有序晋升。

下面提供两份职位说明书模板的范本，仅供参考。

实战范本

职位说明书模板（1）

一、基本信息					
职位名称		所在部门		所在科室	
直接上司		职位级别		职位编号	

二、主要职责描述

三、岗位KPI

四、任职资格要求
1. 学历及专业要求
2. 工作经验要求
3. 专业技能要求 （1）专业技能 （2）沟通能力 （3）领导力 ……

制作/日期：　　　　审核/日期：　　　　批准/日期：

实战范本

职位说明书模板（2）

岗位名称		所属部门		职系	（目前留空）
岗位编号		岗位定员		职等职级	（目前留空）
直接上级		管理幅度		薪资等级	（目前留空）
直接下级		岗位横向发展		岗位纵向发展	
岗位目的（该岗位存在的主要目的和价值）					
工作职责（按重要顺序依次列出）					
岗位权限（根据该岗位所负责任，所赋予的相应工作权限）					
工作关系（该岗位在组织中的位置，通常用图、表形式表现）					

续表

工作联系	
联系对象	联系主要内容
内部	
外部	

工作特征（时间、环境、条件）	
工作时间：	是否均衡出差：
工作场所：	工作负荷：
环境状况：	舒适危险性：有无危险及职业病危害
使用设备：	

任职资格	
教育背景	教育学历，学习专业，资格证书
专业培训	培训内容，培训方式，培训时间
工作经验	行业工作经验，岗位工作经验，最高职位经历
必备知识与技能	专业知识，语言能力，计算机能力，公文处理能力，其他特殊能力要求，专业技术资格
生理要求	身体，性别，年龄，形象气质
其他要求	性格、态度、道德

关键绩效标准
关键指标，衡量标准

本人已认真阅读了本职位说明书，并同意和接受上述内容和要求。

任职人： 日期：

第三节 设计招聘流程

做招聘工作就像选择候选人一样,需要"标准化"和"个性化"并行,这样才能在提升招聘效率的同时兼顾招聘质量。这就需要设计适合的招聘流程。

一、设计招聘流程的目的

对招聘人数较多或常年招聘的企业,设计明确的招聘流程是非常有必要的。具体来说,有图1-11所示的好处。

图1-11 设计招聘流程的好处

1.规范招聘行为

招聘工作并不是人力资源部门独立可以完成的工作,它涉及企业各个用人部门和相关的基层、高层管理人员。所以招聘工作中各部门、各管理者的协调就显得十分重要。设计招聘流程,使招聘工作固定化、规范化,可便于协调,防止出现差错。

2.提高招聘质量

在众多的应聘人员当中要准确地把优秀的人才识别出来,并不是一件简单的事情。因为在招聘活动中既要考核应聘者的专业知识、岗位技能等专业因素,又要考核应聘者的职业道德、进取心、工作态度、性格等非智力因素。通过设计招聘流程,会让招聘工作更加科学、合理,从而有效提高招聘效率、质量，同时降低招聘成本。

3. 展示公司形象

招聘和应聘是双相选择，招聘活动本身就是应聘者对企业进一步了解的过程。对应聘者而言，企业的招聘活动本身就代表着公司的形象。企业招聘活动严密、科学而富有效率，会让应聘者对企业产生好感。

二、设计招聘流程的步骤

一般来说，设计招聘流程的步骤如图1-12所示。

第一步	分析企业现行组织结构、职务设置、职务权限和未来公司业务的开展
第二步	分析企业现行各项行政、人事管理制度、规定，及工作流程
第三步	总结现有招聘程序，明确初试、复试决策人和录用决策人
第四步	分析各岗位不同的任职资格
第五步	将上述内容归纳、整理，起草招聘流程初稿
第六步	将初稿与相关人员进行讨论，征求他们的建议和意见
第七步	将这些建议和意见进行整理，确定招聘流程试行稿
第八步	公布招聘流程试行稿
第九步	在招聘活动中，使用招聘流程试行稿，并根据实际情况进行修改
第十步	试行期结束后，正式确定企业招聘流程

图1-12 设计招聘流程的步骤

三、设计招聘流程的要点

招聘流程设计要合理，时间既不能太长，也不能太短。太长则浪费精力和成本，同时也让应聘者感觉效率太低；太短则太仓促，让应聘者感觉企业的管理不规范。应根据岗位性质和层级的不同提前安排、设计，在面试过程中还要灵活把控。招聘流程要合理化、人性化，面试官层级应高于招聘岗位层级。另外，有效的简历分析和筛选技术、招聘管理系统的运用，可以帮助迅速排除明显不合格的应聘者，大大提高招聘的效率。

具体来说，招聘流程设计的要点如图1-13所示。

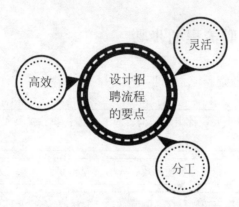

图1-13　设计招聘流程的要点

1.灵活

灵活指的是流程设计应该因岗而异，不能因部门而异，更不能因领导而异。

2.分工

分工是指在前期用人标准明确的基础上，人事把关匹配性和真实性，部门把关专业性，领导把关综合素质。

3.高效

高效的目的是缩短反馈时间，避免不确定性。内容有两方面：一方面，招聘中清晰的分工必然提高效率；另一方面，必须减少冗余流程，相关人员要勇于担责。

下面提供几份招聘流程的范本，仅供参考。

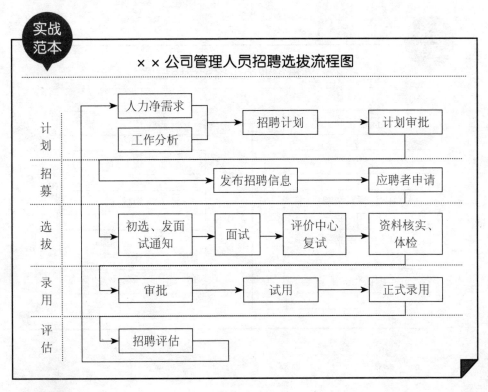

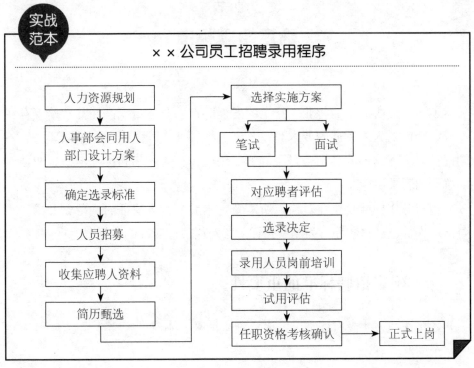

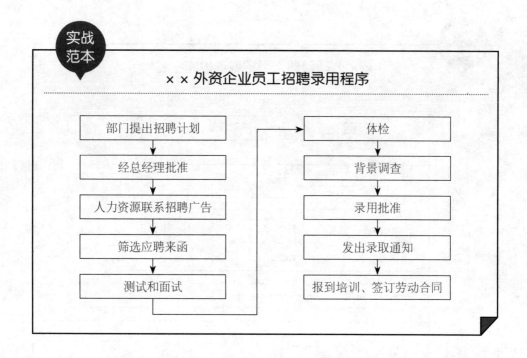

第四节
确定招聘标准

不同企业所从事的行业、特定的发展时期、业务重点、经营战略等存在差异，因此对人才素质的要求也是不同的。即便在同一企业，不同职务、不同岗位对人才素质的要求也是不同的。因此，在人才招聘过程中，企业要有明确的招聘录用标准。

招聘录用标准是企业对岗位所需特定素质和行为特征的规范化要求，是对求职人员进行素质和行为测量并评价其对岗位适应性的依据。

一、确定招聘标准的重要性

如果选拔人才没有标准，或者标准不清晰、不统一，会造成图1-14所示的两个问题。

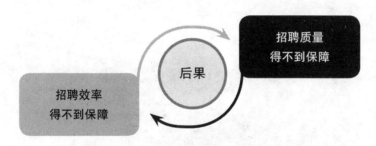

图 1-14　选拔人才无标准或标准不清晰的后果

1. 招聘效率得不到保障

很多管理者（尤其是中小企业管理者）总想着"花小钱办大事"，招个全面手，解决自己解决不了的难题，但是薪酬要低，这样的招聘标准和想法很显然是不合理的。

更有甚者就连招聘岗位的名称和工作标准都说不清楚。因为他不知道怎么样的人是合适的，什么样的人是不合适的，这会浪费许多时间和精力。

2. 招聘质量得不到保障

因为招聘没有标准，所以招聘质量难以得到保障，辛辛苦苦招来的员工，能力素质达不到岗位要求或者说管理者提出的标准和实际岗位要求根本没有关系，导致用人部门不满意等。

因此，构建清晰、准确的人才标准是提高招聘效率和质量的前提条件。有效的人才标准应能准确地反映岗位的要求，同时能够帮助正确筛选出合格的应聘者。

二、人员招聘的基本标准

人员标准有基本标准和关键标准两大类。基本标准是确定人员能不能干这项工作，而关键标准是确定人员能不能干好这项工作。两者相互补充，层层递进。制定好这两个标准，企业才能按锁配钥匙，找到符合要求的人员，招聘才会成功。

人员的基本标准是指他能胜任应聘岗位的最基本要求，它主要从图1-15所示的三个方面来定义。只有人员的三个方面的匹配度都符合企业的要求，他才有可能适应企业的工作。

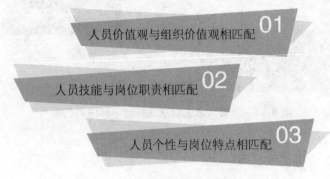

图 1-15　人员招聘的三个基本标准

1. 人员价值观与企业价值观相匹配

许多企业在招聘人员时,往往强调工作经验和技能,而忽略了对人的职业道德的考察。常言道,江山易改,本性难移。企业很容易让员工掌握工作经验和技能,但却很难教他如何具有正直的品行。而品德不佳的人员,能力越强,带给企业的危害就越大,可能出现如泄露企业机密、携款潜逃等行为。

另外,了解应聘者的价值观也是一个重要内容。价值观支配个体行为,员工对企业忠诚度的高低与其对企业价值观的认同度有密切关系。认同企业价值观的员工能够与企业文化更好地融合,提高组织绩效。所以,应向应聘人员开诚布公地讲明本企业的优势、劣势,提倡什么、反对什么,企业文化的特点等,让应聘者权衡选择,这样企业虽然有可能失去一些优秀人员,但更能增加员工的稳定性。

2. 人员技能与岗位职责相匹配

人员技能与岗位职责匹配,主要是讲胜任岗位的要求,即人才需要具备哪些基本技能,包括学历、专业、经验等,具备这些技能,是做好一项工作的前提。要了解这些,对企业来说,就需要进行工作分析,明确岗位职责,把招聘职位的工作内容、特点和对人员的技能要求等编制成职位说明书,让应聘者知道岗位的任职条件,在该岗位上要干什么。这样做,也能让企业的招聘者做到心中有数。

现在有一些企业招聘时,由于没有明确的岗位职责和任职要求,往往被应聘者优秀的个人条件所吸引，引进人员时存在盲目高要求现象，甚至内勤、前台人员都非本科不要。尤其是随着就业压力趋紧，许多企业对人才更是挑肥拣瘦，大材小用的事非常普遍，部分高学历人才甚至还被当成装潢门面的花瓶，派不上实际用场。这样不仅造成人员的浪费，还为以后的人员流失埋下了隐患。

3.人员个性与岗位特点相匹配

人员个性也是招聘中要考虑的重要因素。随着现在专业化分工越来越细，团队合作越来越重要，如果人员是以自我为中心、合作能力不强，就不适合在团队中工作。另外要考虑人员与团队的互补性，例如：团队成员个性都很强，就需要善于协调的员工发挥作用；相对沉闷的团队则需要性格开朗的人员活跃气氛。因此，分析团队的特点，招聘合作性和互补性强的新员工，团队才能产生"1+1>2"的效果。

当然，团队精神在绝大多数场合应该提倡，个性独特的人也不能随意淘汰，对企业的企管、质检等岗位来说，能坚持原则、不轻易迎合大众的人员可能更有用武之地。而对于设计策划部门，特立独行的人也许更可能随时冒出创造的火花。因此，招聘前一定要清楚把新人员放在哪个位置，该岗位对人员个性等有哪些要求，还要考虑新人员的职业取向以及可能的升迁位置等，这样招来的员工才能"对号入座"，发挥自身的价值。

三、人员招聘的关键标准

按照同样标准选来的人员，他们的实际绩效可能相差甚远，经验表明，会干与干好并不一定画等号。导致人员绩效差异的还有很多非技能方面的因素，如系统思考能力、决策能力、激励能力、人际交往能力、自我控制能力等。这些就是岗位关键胜任能力，它决定了人员能不能出色地完成某项工作。

1.发掘人员的潜能

通过对任职者及关联职位人员进行访谈，对该职位典型的成功和失败事例进行分析，再加上经验积累和同行参考等，就能了解该职位的关键胜任特性。同时，对职位胜任特性进行定义分级、明确界定。这样依据胜任特性选人员，可以有效避免人员学历、资历、名气对选拔者的影响，更容易发现人员的潜能。

比如，办公室主任由于经常接待客人、协调各类关系、处理突发事件等，因此，沟通能力、组织协调、责任心就成了他的关键胜任能力。对设计人员来说，技术水平、逻辑思维能力、创新能力就成了他的关键胜任能力。

2.权重设计上突出最重要的胜任力

对一个职位来说，各项胜任力的重要性往往不同，因此对各项胜任力设定一定的权重会使选拔的结果更为合理。

比如，对办公室主任来说，组织协调能力、沟通能力、灵活性是最重要的，因此它们的权重可以加大，而冲突管理、团队合作重要性相对不如前者高，权重可适当减少。

只有对各项胜任力设定不同的权重，才能保证人员是在最重要的胜任力上表现最优秀的人。

3.通过多种方法选人才

确定人员标准后，就需要按照标准来甄选。现在许多企业还基本上靠简单的面试和主观印象来选人，这样很难辨别出真正需要的人才。而依靠专业的测评工具全面衡量人才，是跨国公司和一些大型企业普遍采用的方法。

比如专业笔试、半结构化面试、性格测试、情景模拟等，把辨别人员品质、能力等的方式巧妙地糅合在各种测试工具中，从多个角度验证人员的素质能力，同时通过背景调查、试用期考察来佐证。

下面提供基于胜任能力模型的管理人员选拔方法和基于招聘有效性和核心能力模型的创新招聘体系的范本，仅供参考。

实战范本

基于胜任能力模型的管理人员选拔方法

公司管理人员的选拔，采用基于胜任能力的选拔方法，其具体内容是指在选拔管理人员时,主要以招聘职位的胜任能力为主要选拔标准,考察候选人目前的胜任能力水平及其发展潜能,判断其与招聘职位的匹配程度,以预测候选人在未来更高级别管理职位上的绩效状况。同时,该管理人员选拔方法还要综合考察应聘候选人的过往绩效、专业技能等关键指标。

本公司管理人员的胜任能力模型总表如下所示。

序列定义	二级能力要素定义	一级能力要素定义	生产职系权重/%	研发职系权重/%	营销职系权重/%	管理职系权重/%
领导胜任能力	协同合作	沟通能力	15	15	10	25
		协调能力	15	10	5	15
		团队合作	10	10	10	—
	管理发展	计划能力	10	10	10	10
		指导下属	10	5	5	5
		主动性	—	10	5	10
		责任心	—	5	—	—
		业绩导向	—	—	5	—
核心胜任能力	问题解决	分析判断能力	10	20	15	10
		关注细节	5	5	5	10
		营销意识	—	—	15	—
		信息处理能力	—	—	5	—
	个性素质	影响力	10	—	5	—
		承担压力能力	10	10	5	15
		灵活反应能力	5	—	—	—
权重合计			100	100	100	100

基于招聘有效性和核心能力模型的创新招聘体系

1. 企业背景

××公司是一家以家电业为主,涉足物流等领域的大型综合性现代化企业集团,旗下拥有十余个知名品牌,在空调、微波炉、洗衣机、冰箱和洗碗机领域。××公司具有最完整的产业链,拥有国内最完整的小家电产品群和厨房家电产品群,是中国最具规模的白色家电生产基地和出口基地之一。目前××公司拥有的全球子公司数量超过200家,全球员工数量超过15万名,面对庞大的人力资源配置及需求,××公司已经形成完善且创新的招聘体系。

2. 甄选过程

在校园招聘甄选过程中,××公司始终以严谨、专业作为校园招聘工作的目标,在招聘项目启动前,通过对所选择的甄选工具及甄选流程进行充分讨论,以保证在甄选过程中实现高人才区分度,在毕业生群体中建立专业化的形象。

2.1 理论依据

在招聘设计过程中,我们需要通过一个可靠的招聘模型来帮助梳理具体的工作内容与工作细节,为后续的工作打下扎实的根基。××公司在招聘设计过程中参照招聘有效性模型(见下图),针对招聘的渠道、目标人选以及筛选工具进行了全面、深刻的探讨,保证了M公司招聘体系的有效性。对于一个公司来说,招聘工作的重中之重是找到与职位要求相匹配的人。作为招聘方,我们需要去思考公司的目标人选并根据岗位要求总结胜任力模型。对于公司的招聘部门来说,清晰地识别到目标人选的特点,也就掌握了招聘的风向标。我们也能根据目标人选的特点进一步判断应该选择何种渠道以及获取相关渠道的方法。此外,恰当、有效的筛选工具能与岗位的胜任力模型匹配,帮助我们更加精确地挑选出优秀的任职者,让招聘工作事半功倍。

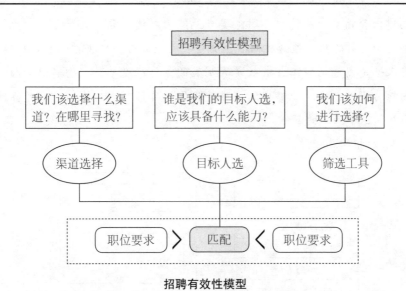

招聘有效性模型

2.2 招聘设计

招聘设计环节作为招聘工作落地前的环节，具有不容忽视的作用。上文提到，招聘工作的重中之重是找到与岗位要求相匹配的人，在招聘设计的过程中，除了形成高效的招聘选拔流程，更重要的是，我们要做好招聘过程中的"指示牌"——岗位的胜任力模型，形成明晰的能力模型可以帮助招聘方在规模巨大的候选群体中轻松地识别出更为匹配的岗位候选人。在××公司的招聘设计过程中，××公司将核心能力模型作为招聘工作的指导思想，根据能力模型来设计校园招聘选拔流程，并在选拔流程确定的情况下，设计相应的测评工具和测评工具库，由此可见构建核心能力模型在招聘设计中的重要性。

2.2.1 能力模型的构建

××公司在集团范围内已经构建出"核心能力模型"以及"专业能力模型"，并将模型应用于招聘工作中。在核心能力模型的基础上，××公司也构建了基于不同类别岗位特征及要求的专业能力模型，并形成"核心素质模型+专业素质模型"的毕业生素质模型，以期在校园招聘中寻找到更加合适的人才。具体来讲，××公司围绕领导变革、团队协作、有效沟通、卓越执行、创新解难五个维度来构建核心能力模型，也根据岗位特殊性构建出营销类专业能力、财务类专业能力、技术类专业能力的专业能力模型,为公司的人才甄选提供了至关重要的风向标。根据招聘有效性模型,目标人选是衡量招聘工作成效是否明显的重要维度之一,构建出全面、细致的能力模型,也就能够得到"谁是我们的目标人选,他们应该具备什么能力?"这个问题的答案。

2.2.2 招聘流程设计

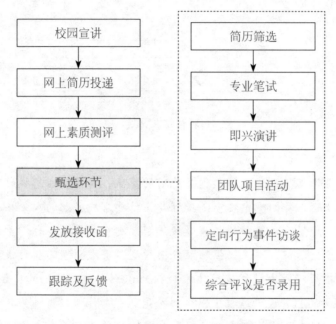

××公司校园招聘甄选方案流程

××公司的校园招聘甄选方案总体流程主要包括校园宣讲、网上简历投递、网上素质测评、甄选环节、发放接收函、跟踪及反馈六个环节,甄选工作主要包含网上素质测评、甄选环节两个部分。

(1)网上素质测评

网上素质测评是开展人才甄选环节第一步的重要依据,测评结果可以帮助我们在下一步的简历筛选过程中直观、高效地筛除大部分与岗位不匹配的应聘者。××公司的网上素质测评分为营销、技术、管理和财务四类,内容包括核心能力测评、职业倾向测试和行为风格分析。素质测评结束后直接通过链接将结果反映在简历上,作为初步筛选人才的参考依据。对于完成所有甄选环节签约××公司的毕业生,该测评结果作为其档案,作为岗位安排及人才培养的参考。

此环节中核心能力的具体评价维度由××公司及委托的测评机构共同选择确定,对于在本环节不易评价的维度或区分度不高的维度(比如有效沟通等)可放在其他环节进行测评。

在素质测评正式运行后,素质测评系统供应商会对××公司的所有简历筛选人员进行培训,包括素质测评系统的主要内容、结果的分析及应用,保证简历筛选环节的有效性。

(2)简历筛选

××公司的网上简历筛选策略为优胜劣汰,利用简历系统中的筛选和排序作为初步筛选的依据,同时综合考虑应聘毕业生的政治面貌、学习成绩、英语水平、社会及校内的实践经历等内容进行简历的筛选。

(3)专业笔试

笔试环节是××公司对专业岗位的应聘候选人进行进一步甄选,针对外贸类、技术类、财务类毕业生增加相应的能力测试环节,具体笔试内容如下表所示。

××公司针对专业岗位的能力测试

岗位类别	笔试内容
外贸类	增加英语笔试
技术类	增加创造性思维、空间想象力等笔试
财务类	增加综合性逻辑分析等笔试

(4)即兴演讲

××公司将即兴演讲环节作为可选环节,招聘单位可以根据实际情况进行相应调整。即兴演讲要求应聘者在规定情景内进行演讲,外贸类岗位用英文题目进行演讲。由于即兴演讲具有高时间成本的特点,××公司对此环节也进行灵活性调整,如可在行为事件面试前安排即兴演讲等。

（5）团队项目活动

团队项目活动以小组为单位，通过以虚拟案例为主题的虚拟情景对被测评人进行考察。它要求被测评人根据特定的背景资料和命题，先在限定时间内阅读案例材料，进行思考并提出个人的观点，然后以团队为单位进行讨论，对团队中各人的观点进行综合和优化，并形成团队最后的方案和意见，最后由小组以团队的方式将最终的讨论的结果进行陈述和呈现。与××公司过往所采取的无领导小组讨论在甄选方式上相比，团队项目活动是一种融合了多种测评技术的综合性测评活动，如在整个活动中结合了案例分析、个人演讲、无领导小组讨论的相关技术特点，也增加了活动的多元化和候选人的表现空间。

团队项目活动包含多个重要角色，主要有测评对象、主持人、观察者、工作人员，通常采用六人一组的方式进行现场测评，考虑到各职位类别工作情景以及所考察能力的差异，××公司在具体的甄选环节中，对候选人按照职位类别进行预先分组后再采取组内随机结合的方式来进行。团队项目活动的题目设计需要严格依据××集团的校园招聘核心能力模式，结合每一职位类别相对应的能力来进行情景和任务的设计，确保候选人甄选的有效性。

（6）定向行为事件访谈

定向行为事件访谈（FBEI），主要技术原理与行为事件访谈一样，针对所要考察的能力而具体设定一个虚拟的情景，要求候选人依据该情景，以描述自身实际事例的方式来说明在此假定情景下自己会如何做、如何想等。FBEI题目的设置也是严格依据××公司校园招聘核心能力模型，从每一项核心能力出发设计相关的问题，每个能力均设计有两个选题以供候选人进行选择。

3. 亮点与启示

××公司在多年的招聘工作中，已经逐步形成完整的体系和精确考核候选人胜任能力的筛选工具。××公司十年前所采用的创新招聘体系与招聘流程，目前已经为许多招聘方甄选候选人所借鉴，如下图所示。

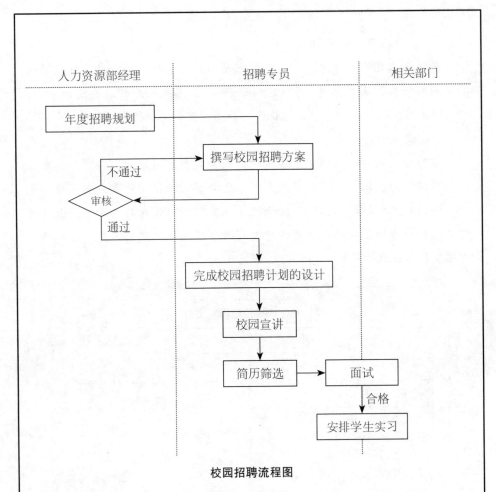

校园招聘流程图

3.1 模型先导,构建完整框架

通过上述对××公司在招聘甄选方面的准备工作与流程的介绍,可知××公司在招聘甄选的前中后期所做的工作,均有模型作为先导,帮助公司形成更行之有效且能选出高度匹配的人才的招聘甄选流程。依据招聘有效性模型,在招聘流程设计过程中××公司需要从目标人选、渠道选择及筛选工具三个维度出发,确保甄选有效性,并且通过构建核心能力模型以及专业能力模型,帮助招聘专员精确地识别目标人选,在此基础上可根据目标人选的特点寻找合适的招聘渠道以及能够识别出相应胜任能力的恰当筛选工具,从而构建出完整的招聘框架与招聘体系。

3.2 组合工具，精确识别

在筛选工具的选择上，××公司采用组合工具的方式，将多种能够识别不同胜任力因素的招聘方法组合在一起，并形成相应的工具使用手册，帮助面试官掌握评判的标准，保证了对能力考察的全面性和统一性。

4. 建议

××公司在招聘工作上已经构建出较为完整且有效的招聘体系，在已有招聘经验的基础上，可以不断开发、更新和维护招聘题库，丰富招聘资源，加强对各种招聘工具的灵活运用。在获取招聘资源的基础上，根据应聘职位的能力模型对招聘资源进行更好的利用，以达到应聘者能力与胜任力模型高度匹配的目的。

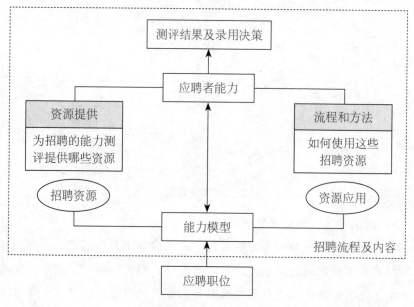

招聘资源与工具的运用

此外，可以从体系建设、能力提升到持续提升多个方面建立更为完整的招聘体系，搭建完整的校内招聘与社会招聘体系，培养能够充分运用招聘资源与工具的团队，优化招聘评估机制，确保招聘体系的质量与用人需求的同步匹配。

5.应用于各业界的主要招聘工具及对比

主要招聘工具及对比

对比项	测评中心	行为事件访谈（BEI）	结构化面试（STI）	专家评审	简历筛选（CADF）
主要特征	多种方式组合、情境性更强	通过典型事件来分析评估	多阶段多种方式地筛选/评估	以专业标准来进行观察和审核	通过档案记录来分析评估
操作难度	高	高	中	中	低
操作周期	长	中	长	中	短
操作成本	高	高	高	中	低
评估效果	好	好	中	好	低
主要使用范围	中高级人才的招聘、选拔、培训	专业人员、管理人员的招聘	专业人员、管理人员的招聘	专业人员、管理人员的专业能力审查	招聘、选拔的前期筛选

【疑难解答】

 如何让职位说明书有吸引力？

答：招聘信息是 HR 在与用人部门做充分沟通后，由 HR 执笔呈现出来的，因此是两个部门的工作，缺一不可。

一份招聘信息写好之后，不仅要让用人部门过目，还要找旁人来了解一下，询问其意见：有吸引力吗？你愿意传播给身边的潜在求职者吗？

一个简单易懂、有吸引力的文案，对大多数人来说，传播这样的文案有趣、有品位，有利于自然传播。

负责招聘的 HR 如何明确用人需求？

答：通常在招聘中一些硬性的要求 HR 比较好把握，如学历、年龄、相关工作经验年限等。而很多软性的或潜在的要求书面材料上没有，但往往是很关键的判断标准。如形象、能力素质、与现有团队的搭配，甚至有的是完全非岗位任职所需的能力。那么负责招聘的 HR 如何在实际工作中明确用人需求呢？通常有以下几种方法。

1. 规范的职位说明书

招聘最基础的文本是职位说明书，在用人部门提交招聘需求时，要让用人部门认真填写或更新职位说明书，把工作的主要职责、任职要求写清楚。虽然实际招聘需求远远不限于职位说明书上的要求，但这个是基础，如果基础都不清楚，更难以明确具体需求了。

2. 与用人部门交流沟通

在职位说明书的基础上，要和用人部门交流沟通具体的要求，尤其是一些特殊的招聘要求。如果用人部门的要求与市场上实际人员情况差距太大，要帮助分析调整用人需求。有的人提出的要求简直要让候选人是十项全能的冠军，但现实中很难找到，不如务实一些，根据市场上可招聘到的人员做一定调整。

3. 熟悉业务、理解业务

HR 需要熟悉公司业务，并且理解公司业务。只有对业务理解了，才能知道这项业务所需要的候选人的技能。另外，HR 要对用人部门现有团队的人员有一定了解，这样招聘到的人选与现有团队可以互补或融合。

4. 通过被否决的简历或候选人进一步细化招聘需求

另外，有时候在招聘前大家对候选人的要求只有一个大概，并不一定说得那么清晰。但在选择的过程中，如果前面有候选人被拒绝了，一定要及时沟通并问清楚拒绝的原因，这样可以进一步细化用人需求。一般在通过某个主管之前否决的或通过的候选人的特点可以了解其用人的标准，可以提高后面推荐的准确率。

如何整理与提炼岗位信息？

答：HR 通过从用人部门收集来的需求信息，以及现有的职位说明书、组织结构、团队结构、用人机制等资料，可以整理提炼出职位的有效信息，主要包括以下内容。

（1）职位诉求：基于需求甄别阶段与用人部门的深入交流，HR与用人部门已经对候选人到来后要解决的问题，可能遇到的困难和挑战，达成一致共识。

（2）组织定位：具体指在企业现行组织架构中，招聘需求职位所处的层级、承担的职责、协作汇报关系等。

（3）企业环境：包括硬环境和软环境。硬环境是指候选人可以显性感知的，具有客观量化评价指标的，包括薪酬福利、地理位置、公司规模、行业地位、品牌知名度等。软环境是指企业特有文化、团队行事风格以及直接领导管理风格。通过对企业环境的分析，一是知晓企业自身相对于市场的竞争优势，二是清晰企业需求人员的特质要素，做到价值观匹配。

（4）外部环境：外部环境分析，侧重从整个行业视角，看待招聘需求职位的情况，包括人才供给情况、薪酬水平以及人群特性等，明晰人才竞争情况。

[Q&A] 如何收集与确认用人需求？

答：（1）了解行业和公司信息：在自己预先了解行业和公司业务信息之外，也需要关于这两部分的内容对用人经理进行访谈。

（2）了解部门和团队信息：了解部门架构和团队成员的情况，看看分工是否合理，看看招聘是否必要；了解团队成员信息及招聘来源渠道，如果这些信息有亮点，还可以总结成职位的吸引点。

（3）了解职位信息：职位的关键绩效指标（KPI）、具体工作职责及项目、职位的吸引点、新人上岗之后可能遇到的困难或挑战（有哪些培训或其他资源能够帮助）、职位发展空间、薪酬福利等，都需要详细了解。招聘人员必须要问清楚用人经理职位的吸引力在哪。

（4）询问招聘标准和访寻方向：询问招聘标准或者人才画像，具体可以通过基本情况、专业技能、价值观、行为习惯、性格特性及市场定位这六个维度进行探究。

（5）确定人才画像：在人才画像过程中，HR要全程保持与用人部门的紧密互动，确保双方对目标候选人认知的一致性。

[Q&A] 如何建立科学统一的用人标准？

答：这就需要进行岗位分析和岗位评价，通过运用人才测评工具，建立岗位胜任力模型。

　　企业可选取在招聘岗位上绩效长期表现优秀或良好的员工（建议连续一年以上），获取他们的测评报告；经过公司管理层、上司、同事、下属所组成的评估小组进行综合评估，从众多优秀员工中选取评价最高的一位作为岗位素质模型的标准；选中的那位优秀员工的测评报告可作为用人标准。

第二章 招聘组织实施

导言

招聘工作不是只有简单的招聘、面试、办入职，那些都是招聘管理的"事务性"工作，要系统地实施招聘，还需要从管理的角度实施招聘管理，这包括组建专业的招聘团队、选择合适的招聘渠道、发布及时的招聘广告等。

第一节 组建招聘团队

招聘团队是为了完成招聘任务而在一起工作的正式组织，一般都是临时组建，也有的大型企业有常设的招聘机构。招聘团队既是招聘工作的承担者，也是人才质量的检验者，更充当着企业的形象大使。

一、招聘团队人员的组成

一般来说，招聘团队应由人力资源部门和用人部门选派的成员组成，有的大公司还有总经理、董事会代表、工会代表、人力资源管理专家等。

1. 招聘HR

人力资源部门在收到用人需求后，招聘HR需要发布招聘信息，之后才会收到求职者投递的简历。对于这些简历，人力资源部应安排员工去筛选、审核，向符合职位要求的求职者发出邀约，初步了解求职者的基本情况。

2. 用人部门负责人

当招聘HR对求职者进行了解或面试后，留下来的求职者就要进入复试。这时招聘HR就要退居幕后，让用人部门的负责人来面试人才。因为相关职位所在的部门，其负责人是最了解这个职位的职责和工作内容的，让他们与求职者会面，能有效地了解求职者的专业技能和工作水平。

3. HR经理/总监

人力资源部就是负责人才招聘的，人力资源总监或者是人力资源经理，就是招聘工作的一线指挥员。通常，他们会先与求职者会面，负责首轮面试把关，确保初试成效。从幕前到幕后，统筹兼顾，组织安排并主持整个人才招聘工作。

4.总经理或企业老板

很多企业的老板或总经理认为,自己是企业的一把手,有更重要的事等着自己去做,招聘人才这样具体的事情,由人力资源部门负责就行了。对于一般岗位的人才,确实可以由人力资源部门负责招聘。但对于一些中高层管理人才,总经理或企业老板有必要加入到招聘团队中来,直接选拔人才。

> **小提示**
>
> 在人才招聘过程中,用人部门主要从专业角度出发,多方面、深层次地测试申请者的资格,而人力资源部门以及其他利益相关者更多的是扮演支持帮助者、建议者和监督者的角色。

相关链接

如何理解招聘团队中的角色

就像一支篮球队,要有控球后卫、得分后卫、小前锋、大前锋和中锋,你想要做好招聘,就需要拥有一支优秀的招聘团队,大家各司其职,通力协作,才能产出满意的结果。

通常来说,一支优秀的招聘团队需要以下几种角色。

角色一:招聘经理——HR业务合作伙伴,了解需求

这个角色主要实现用人部门经理和招聘团队之间的对接。

他需要参与未来和现在的各种规划会议,讨论可能存在的人才缺口;他要收集用人部门的需求,并进行优先性排序、设置合理的预期;他要将招聘任务进行分解,并及时向用人部门反馈招聘的进展和挑战;他要收集用人部门的反馈,并且快速和招聘团队进行沟通,以便尽快做出调整,响应用人部门的需求……

所以,这个角色实际上要花大量的时间来进行规划或参与各种会议。

角色二：招聘官——面试筛选，寻访人才

这个角色主要是作为高质量和公司对其有兴趣的候选人的接口，将这些候选人成功转化为公司的新员工。

所以他要很善于讲述公司的品牌故事，让候选人了解这家公司可能是他们拓展职业生涯最好的选择；他还要能判定这个候选人是否该被考虑推荐给用人部门进行最终的面试；他有时候也需要收集潜在候选人一些额外的信息，诸如当前或所需的薪资待遇、资格、背景、潜在的问题、适用性、竞争者的对比以及候选人自身的愿望，以便最终能促使他们实现职业生涯的转换。

角色三：招聘协调——"笔杆子"，辅助流程平顺运转

这个角色主要对接角色四、角色五，以便招聘进展平顺，能提供给角色二稳定、充足的候选人选。

他需要从招聘官那里获取信息，设置候选人筛选的基础条件；他需要组织语言／文字，以便能够通过招聘渠道、社交媒体、电子邮件、短信或电话和各种候选人进行沟通；他有时候也需要整理总结汇报，展现招聘团队的阶段性成功。

通俗点说，他有点类似于招聘团队里的市场／媒介专员、文案或秘书。

角色四：人才筛选——筛简历，推动候选人进入流程

这个角色主要是根据岗位需求，在将简历发送给招聘官之前，对求职者进行一次初步的筛选，以便求职者与应聘岗位有更高的匹配度。

如果经过他的筛选，没有足够多合适的候选人，他可能需要根据角色五提供的名单列表，致电给那些没有主动申请过的候选人，邀约他们前来面试。

角色五：简历矿工——找简历，构建合适候选人名单

这个角色主要是从各种招聘渠道去挖掘简历。

一些候选人看到有新的工作机会，可能会投递简历，但是如果在招聘渠道上的大部分候选人都不太活跃，这就需要有人根据空缺岗位的最低需求，来识别并挖掘他们。

通过他的努力，就可以建构起一个潜在的候选人名单，包括那些绩优者或甚至还不曾在招聘渠道及社交媒体上出现的人才。

二、组建招聘团队的原则

组建招聘团队应遵循图2-1所示的原则。

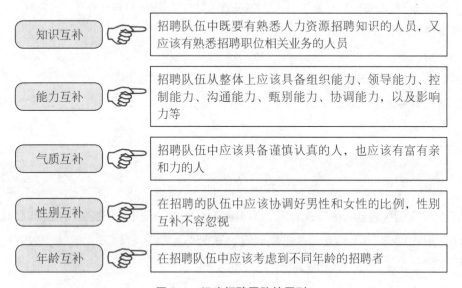

图2-1　组建招聘团队的原则

此外，部门经理最好参加招聘工作，企业的最高领导要对招聘工作给予支持和关心。

三、招聘团队管理的要点

对于企业来说，想要打造一个高效稳定的招聘团队，可以从图2-2所示的几个方面来入手。

图2-2　招聘团队管理的要点

1. 把好招聘关

招聘人员是公司第一个和候选人联系的人,是公司的门面,招聘人员的一言一行都代表着公司的形象。职业化、有亲和力的招聘人员,能无形中增加候选人对公司的好感,因而企业要按照能力素质模型和任职资格标准来招聘招聘人员,宁缺毋滥。

招聘人员必须具备良好的信息分析能力、对业务的理解能力、对人心的洞察能力、对渠道的开拓能力、锲而不舍的毅力、优秀的沟通能力,最重要的是要有服务的心态,把候选人也看作自己的客户,要以招到比自己优秀的人为荣。

2. 做好业务培训

招聘人员在加入公司前,可能来自不同公司和行业,水平也参差不齐,需要对他们进行详细的入职培训,包括企业文化、专业知识、公司战略和目标、用人理念、组织架构、岗位职责、薪酬体系、福利政策、招聘流程等的培训,使之能快速进入角色。

很多招聘人员对公司及岗位的情况并不了解,自然不能清晰准确地把公司和岗位的情况传达给候选人,甚至不同的招聘人员讲出来的话不一致,这样会给候选人带来疑惑。

在平时工作中,企业需要聘请业务专家对招聘人员进行业务和流程培训,增强他们对业务工作的了解,这样他们和候选人谈话时,能用专业术语和候选人聊天,拉近双方的距离。

除此之外,还要定期对招聘人员进行招聘技能的培训,让招聘人员在职业技能上能有提升的空间。

3. 明确岗位职责

人力资源部门作为一个组织,一定要有明确的组织架构,各个岗位职责一定要明确。招聘专员、招聘主管、招聘经理和招聘总监要各司其职,不能缺位,也不能越位。招聘总监或招聘经理对整个招聘部门的业绩负责,招聘主管和招聘专员对各自负责的招聘任务负责。

如果招聘人数较多,也可以按照岗位群进行分类,比如某个人专门负责销售人员的招聘,某个人专门负责财务人员的招聘,某个人专门负责人事行政和法务的招聘,某个人专门负责技术人员的招聘等。这样有利于培养专业化的招聘人员,提高招聘效率。

4.实行业绩考核

考核是团队管理中一项非常重要的工作,承前启后。通过考核,能将公司的招聘目标分解到每个招聘人员,从而实现公司阶段性的招聘目标;通过考核,能对招聘人员进行区分,从而优胜劣汰;通过考核,能让招聘人员发现自己的短板,通过培训和指导,改进他的短板;通过考核,可以评估每个人创造的价值,从而作为论功行赏和岗位提升的依据。

对招聘人员的考核,不仅要从结果上进行考核,也要从过程管控上进行考核,尤其要杜绝招聘人员的短视行为、损害公司利益的行为和违法行为。

5.有效激励

招聘人员的薪资结构可按照"基本工资+绩效工资+奖金"构成。

比如,基本工资和招聘人员的级别、资历挂钩,绩效工资和绩效目标的完成情况挂钩,奖金和超额完成任务有关。奖金一般按照超额招聘的岗位的级别和难度来设定奖金基数。为了更客观地考核招聘人员,防止他们的短视行为,可以设定候选人入职3个月内发放奖金的40%,入职6个月内发放奖金的40%,入职一年后发放奖金的20%。

6.灵活的晋升通道

招聘人员也是一个流动性比较大的群体,从甲方跳到乙方,从乙方调到甲方的都有。如果公司没有好的晋升通道,是很难留住人的。从招聘助理→招聘专员→招聘主管→招聘经理→招聘总监,要有相应的职级标准和相应的薪酬福利标准,每年要有1~2次评级,让招聘人员看到努力的方向和希望,只看功劳,不看苦劳。

四、招聘团队的合作

1.明确面试职责及分工

在面试的过程中,最不该出现的是一个求职者到公司来面试,三轮面试考察的都是相似的问题。这种面试是毫无意义的，不但影响公司的专业度，还会给求职者留下负面印象。对此，招聘团队应该做好面试职责的分工。

比如，HR初面，应侧重礼仪形象、求职动机、稳定性、沟通表达等方面；用人部门复试，应侧重从专业技能、团队协作及管理的角度去衡量。当需要共同面试时，应用相同的面试评价维度对同一个人进行面试打分，最后根据面试官的平均分进行录用。

2. 树立人才理念

当今企业间的竞争，归根结底是人才的竞争。树立什么样的人才理念，用什么样的人，事关企业的兴衰成败。招聘团队应该根据公司的实际情况进行讨论，总结得出最终的人才理念。

对于企业而言，尤其是领导而言，树立人才理念尤为重要。要将重视人才、爱护人才、合理开发人才、使用人才、留住人才、提升人才作为指导思想和价值观念。因此，招聘时就要找到精准、统一、有效的结构化衡量评价标准和指标。

五、面试官的角色定位

面试官是企业人才流入的质检员。合格的面试官的直接产出就是为企业招聘到优秀的人才，创造卓越的人才价值。不合格的面试官不能对人才进行严格的把关，从而使不合格的员工就像没有质检把关的"问题产品"一样流入企业，而后又很快地大量流失，造成极大的直接和间接的经济损失。由此可见，面试官是创造企业人力资本价值的关键的一环。

1. 面试官的岗位特性

面试官作为企业在引进人才时，负责对候选人的技能、素质和职位的匹配度等因素进行甄别，并根据权限进行用人决策的企业代表，具有较强的岗位特性，具体如图2-3所示。

2. 面试官决策的思维模式

面试官可以根据权限做出用人决策，或者提供候选人的面试信息，为下

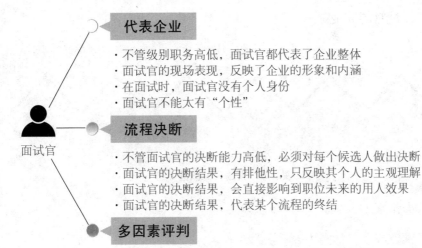

图 2-3　面试官的岗位特性

一流程的用人决策提供初步依据,而这个反馈过程及决策过程,必须基于图2-4所示的思维模式进行。

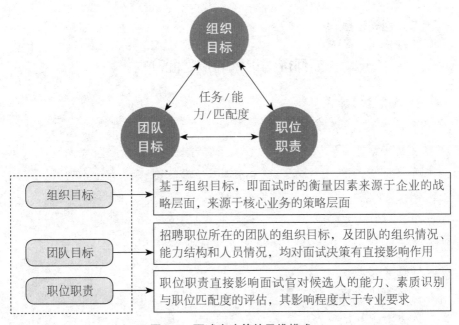

图 2-4　面试官决策的思维模式

3.面试官的职业素养

面试官应具备如图2-5所示的职业素养。

图2-5　面试官的职业素养

4.面试官的专业素养

面试官应具备如图2-6所示的专业素养。

图2-6　面试官的专业素养

相关链接

如何成为优秀的招聘面试官

1.熟悉公司业务

现如今在企业招聘问题上普遍面临着这样的情况：用人部门直线经理人非常熟悉岗位要求、工作内容，但是却缺乏人力资源理论及甄选人才的工具，而HR则相反，所以经常出现人力资源部门推荐过来的人，用人部门觉得不合适，达不到岗位要求，而HR自己却也无可奈何、分身乏术。所以优秀的招聘面试官一定是比较熟悉公司情况、岗位要求、行业情况的，这样子才能真正去挑选合适的候选人，特别是对于经常换行业的HR来说必须引起重视。

2.掌握人才甄选的工具

人力资源有许多人才甄选和测评的工具，比如笔试、无领导小组讨论、情景模拟、即兴演讲、性格测评、结构化面试等。以上这些方法和工具，都具有各自的特点和不足，关键是用对地方，比如：招聘营销人员就不适合用笔试，用无领导小组讨论、模拟推销、即兴演讲会更加合适；而对于财务、研发设计类应聘者笔试往往更加实用。除了掌握上述工具的用法，其实最难的是如何通过使用这些测评工具实现甄选，通过应聘者的表现来判断其是否合适，这些则不是工具本身所能解决的事情。

3. 优秀的判断分析能力

区别面试官优秀与普通的最有力的标准在于判断分析力，优秀的招聘面试官通常有着较强的观察能力，可以通过一些不起眼的细节去进行推断和判断，同时对于性格分析理论、笔迹分析学、心理学都有掌握，能在有限时间和有限资源的情况下，得出较为全面的结论。

优秀的判断分析能力，并不是通过读几本书、经历几场面试就能够训练出来的，而是需要长期的实践、历练、总结才能形成，往往阅人无数之后方能慧眼识英雄。

4. 良好的抗压能力和心理素质

招聘往往需要在较短时间内完成招聘任务，同时经常需要在薪酬不占优势的情况下去引进优秀的人才。HR招聘面试者一方面要在时间和数量的压力下完成相对较重的任务，同时还需保证招聘质量，防范风险，倘若没有一定的抗压能力，很难出色地完成任务。

5. 掌握一定的营销技能

招聘面试既是选拔同时也是公司针对应聘者的一种营销，在薪资福利不占优势的情况下去招聘优秀的人才已经成为许多企业的招聘现状，掌握一定的营销技能能有效地将岗位推销给应聘者，同时这也是一种颇有成效的宣传手段。掌握一定的营销技能意味着需要具备良好的沟通技巧、较高的情商，能将招聘做好，这样的HR也将成为优秀的销售人才。

做招聘面试容易，要做优秀的面试官则绝非易事，除了需要掌握扎实的专业知识和技巧外，更多的是需要在实践过程练出一双慧眼识人才的"火眼金睛"，能看到别人都能看到的东西也能分析判断出别人所无法看到的东西，并且在较短的时间内、有限的资源下得出准确的结论，这才是每一个HR所应该追求的方向。

第二节
选择招聘渠道

招聘渠道,是组织招聘行为的辅助之一。企业在选择招聘渠道的时候,要综合考虑招聘成本、招聘时间要求以及招聘职位要求来确定。

一、内部招聘

随着外部招聘风险和招聘成本越来越大,现在很多企业已开始青睐于内部招聘,尤其是对那些身处经济欠发达地区、人才资源匮乏、知名度较低、招聘资金预算有限的企业更是如此。甚至有些著名的大公司也通过人才培养和储备的形式为高层次职位谋求合适人选。

1.内部招聘的优点

内部招聘具有图2-7所示的优点。

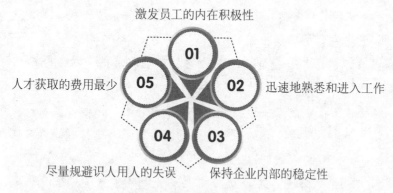

图2-7 内部招聘的优点

2.内部招聘的缺点

内部招聘具有图2-8所示的缺点。

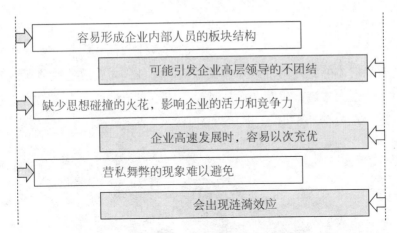

图 2-8 内部招聘的缺点

3.内部招聘的实施策略

能达到"事半功倍"效果的内部招聘活动才能称之为成功的内部招聘。而具体到其特性来讲，其主要具备两大特征：其一是为企业的空缺职位谋求到合适、满意的人选；其二是通过本次内部招聘活动，能够有效地激励员工，提高员工工作士气。当然，要使内部招聘具备这两大特征也不是一蹴而就的事，还有待于做好图2-9所示的工作。

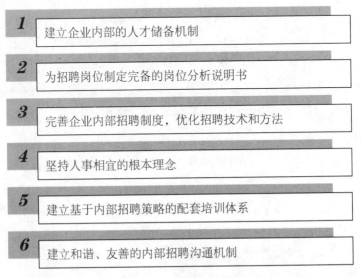

图 2-9 内部招聘的实施策略

（1）建立企业内部的人才储备机制。二十一世纪的竞争归根结底是人才的竞争，这已经是一个共识性的理念。面对人才的稀缺性和人才争夺的激烈性，企业如何才能有效防范人才流失危机，降低人力资源的风险呢？最好的方法就是建立人才储备机制，尤其是对那些热衷于内部招聘策略的企业更是应建立完善的人才储备机制，其好处如图2-10所示。

图2-10　建立人才储备机制的好处

建立人才储备机制具体到操作层面就是要求企业敢于从外部和内部招募、挑选具有较大发展潜力的员工，并搭建有益于这个群体发展的平台，如培训政策向这部分人员倾斜，给予具有激励性的薪酬等。

（2）为招聘岗位制定完备的岗位分析说明书。岗位分析是进行招聘活动的方向性基石，也是保证招聘经济、有效的根基。离开了完备的岗位分析，整个招聘活动将会陷入一种极其混乱的状态。内部招聘也不例外。有些企业进行内部招聘时认为只要简单的口头告知即可，无需再花时间和精力去制定一份完备的岗位分析说明书。然而事实是很多应聘者对招聘岗位的工作内容、工作职责、工作环境等，基本上处于一种模糊性的认识中，有些认识甚至是错误的。如果应聘者缺少对应聘岗位的全面、正确认识，整个招聘活动无论在时间上，还是在质量上讲都不可能取得成功。因此，企业在面对内部招聘时仍需认真对待，程序化、结构化地制定完备的岗位分析说明书，从而来保证内部招聘取得令人满意的效果。

（3）完善企业内部招聘制度，优化招聘技术和方法。正所谓"不以规矩，不能成方圆"，内部招聘若是没有完善的招聘制度作保障，其将有可能在"近亲繁殖"或"派系"争夺中陷入无序的发展模式中去。完善招聘制度，优化招聘技术和方法主要是坚持图2-11所示的三个理念。

| 理念一 | 恪守原则和程序的理念 |

坚持公开、公平、公正的原则,严格控制和规范内部招聘的每一步骤

| 理念二 | 坚持发展的理念 |

坚持发展的理念就是指企业在进行内部招聘时应注重应聘者未来的潜能力的发展,而非停留在现有状况的层面上

| 理念三 | 一切为了企业发展的理念 |

只有本着一切为了企业发展的理念,精细化地、负责地做好内部招聘的每一个细节性的工作,才能真正有助于企业谋求到岗位所需的合适人才,切实解决企业的人才之需

图 2-11 完善招聘制度,优化招聘技术和方法的理念

同时,也可以引进现代化的测评技术和测评方法来辅助内部招聘活动,提高内部招聘的正确性、准确性。

(4)坚持人事相宜的根本理念。坚持人事相宜的理念既有利于企业充分利用自身的人力资源,为企业的有序、协调发展发挥助推作用,也有利于员工个人的健康发展,调动员工的工作积极性。那怎样才能真正做到人事相宜呢?其步骤如图 2-12 所示。

| 第一步 | 做好规范化的岗位分析工作,知晓该岗位是做什么的,录用者须具备怎样的能力和素养等,通过规范化的岗位分析为招聘岗位建立参照系 |

| 第二步 | 做好人员考察和测评工作,通过对员工过去的工作信息和人才测评结果进行分析,了解员工具备的发展潜能以及可适应的发展方向和从业岗位 |

| 第三步 | 再将岗位分析与员工考察、测评结果进行比较,依据二者的相关性和匹配度做出一个科学的决策。总的说来,就是追求人与岗位相匹配,岗位与人相协调,岗位与人二合为一的高境界 |

图 2-12 做到人事相宜的步骤

（5）建立基于内部招聘策略的配套培训体系。基于内部招聘策略的配套培训体系设计可以说是一些企业培训工作中"被遗忘的角落"。建立基于内部招聘策略的配套培训体系具有很重要的功益性的意义。尤其是其有利于缩短录用员工与新环境、新岗位的磨合期，降低管理风险的功能，愈发使其显得重要。

一般来讲，基于内部招聘策略的培训主要可分为图2-13所示的两种类型。

图2-13 基于内部招聘策略的培训类型

从总体上说，建立配套的培训体系既有助于员工个体的健康发展，也有助于使基于内部招聘的培训向制度化、规范化、程序化的方向发展，提高内部招聘的质量和效果。

（6）建立和谐、友善的内部招聘沟通机制。沟通一直是人力资源管理中的一个永恒的话题。离开了和谐、友善的沟通，那人力资源管理将会失去其本来的意义和功能。具体到内部招聘的沟通机制来讲，其具有两项重要的功能，如图2-14所示。

图2-14 内部招聘沟通机制的功能

内部招聘，企业在重视方式的同时，更应在理念上和技术上给予相当的重视。只有真正地做好了上述几方面的工作，使内部招聘在正确理念、正确机制、正确制度下操作和运行，才能有助于实现内部招聘所追求的"锦上添花，事半功倍"。

实战范本

××公司内部招聘管理案例

一、企业背景

××公司是一家集自主研发、合规生产、分销销售、售后服务于一体的大型空调企业。其作为一家致力于空调业态的电器生产商，将技术先进、品质优良的空调产品提供给全球消费者。近年来，××公司紧紧围绕"十三五"规划确立的总体发展战略，奋勇向前，开拓创新，保持了稳中持续发展的良好势头。

公司为了可持续发展，对于中高层管理人员的聘用采用了内部招聘的形式，接下来的分析以此为基准进行论述。

二、招聘需求

根据企业的中心组织架构、各部门业务关联与发展需要，结合岗位晋升计划，组织华南区总经理一职（一名）进行内部竞聘。

三、招聘原则

在遵循用人部门、员工及其所在部门建议的前提下，实行内部招聘，为供需两方提供双向选择。坚持"两公一平"的原则，即公平、公开和平等，与竞争择优相结合、员工参与和工作需要相结合的原则。

四、招聘对象

1. 基本条件

（1）身体状况为健康；

（2）文化程度为大学本科及其以上，45周岁以下；

（3）认同公司企业文化，在职期间遵纪守法；

（4）遵守公司的各项规章制度，有强烈的事业心和责任感；

（5）有较强的组织领导能力、协调能力、沟通能力。

2.具体条件

（1）具备拟任职位所要求的业务知识；

（2）应具有本公司三年以上连续工作经历；

（3）竞聘管理职务的候选人，必须具有一年以上的招聘职位下一级岗位工作经验，不得超过岗位级别竞聘。

五、招聘考核方法

（1）招聘考核分为笔试、演讲、招聘团队成员提问和原部门领导评分。

（2）演讲内容包括工作表现、领导能力、协调能力、专业知识、申请理由、转岗后的工作安排。

（3）面试提问由招聘团队成员依据所招聘岗位提出相应的问题，要求应聘者现场进行作答，招聘团队成员进行评分。

（4）招聘考核共100分，分别比例如下：

项目	笔试	演讲+提问	原部门领导评分
占比	30%	40%	30%
考核要求	专业知识+思维逻辑题	见附件1	见附件2

（5）公司根据应聘者的考核情况进行择优选用，招聘团队负责将招聘考核结果如实上报公司，不得有作弊作假行为，由公司最终确认并解释考核结果。

六、招聘流程

（1）在公司官网以及公告栏中发布招聘启事；

（2）有意转岗的员工填写"管理人员应聘申请表"（见附件3），先交由目前所在部门领导审批；

（3）应聘者需要向人力资源部提供申请表、学历复印件、身份证复印件等个人资料；

（4）公司领导初审后统一安排时间进行笔试、面试、考核评分；

（5）公布考核结果，有两天的复审时间，若无异议，则确定最终岗位人选；

(6)通知岗位人选办理调动手续;

(7)招聘团队进行招聘工作、人员三个月任职等评估。

七、案例的亮点与不足

1.亮点

(1)××公司能够在稳定发展期选择内部招聘这一方法,在全公司公布招聘信息进行纳贤,其候选人对公司情况和需求较为熟悉,对企业有较高的认同感,了解与适应工作的过程会大大缩短。

(2)考核内容包括笔试、演讲、提问、原领导打分,可以从多方面来考量应聘者的匹配度,遵循人岗匹配原则。

(3)招聘流程比较规范,表格工具使得考核过程做到标准化,避免涉及过多的主观因素,尽可能防止结果出现较大的偏差。

2.不足

(1)原领导评分的占比过大,易受偏见的影响,如处于情绪问题给予低分,或者想要建立裙带关系评高分,可能会使真正的人才被埋没或者流失。

(2)内部选拔需要竞争,竞争失败的员工可能会产生不满、心理失衡或心灰意冷、士气低下、增加员工的消极情绪和各级主管的思想工作量。

八、建议与措施

1.丰富激励手段

丰富现有人员激励措施,建立多维度的跨人员激励体系,实现物质激励与精神激励的有机结合。激励手段不仅要包括工资和奖金等物质激励,而且要为员工提供挑战性的工作,从而激发员工的积极性和创造性。

2.管理人才储备

从长远的战略高度来看,要加大人才储备和培养的力度,做到人尽其才,才尽其用,比如在日常工作中可以重点保存管理者的能力数据等。

3.继任计划

这是基于人才储备来进行的,继任计划应明确管理岗位的人员目标,并根据岗位分析中的信息,明确每个目标岗位所需人员的资格要求。

附件1

面试打分表

姓名			应聘职位		总得分	
			打分项			分值
演讲内容评分细则（共60分）	工作表现		表现一直很突出，常受领导同事称赞			10
			前期表现一般，后经努力表现突出			8
			能基本胜任现有工作			6
			表现差			4
	适应能力		转岗后能立即处理相关工作			10
			适应能力强，短期内即可上任			8
			适应能力一般，需由专人引导、同事帮忙			6
			适应能力差，未做好心理准备			4
	管理能力		配合公司的管理工作，熟悉公司的各项制度和管理原则，能够胜任新的岗位的管理工作			10
			具备一定的管理知识，熟悉公司的制度和管理原则，晋升后能为团队创造更大的财富			8
			具备一定的管理知识，公司现有制度等需再进行培训，缺乏实践经验			6
			管理知识欠缺，日常工作中常出现违反公司现有制度及相关流程现象			4
	专业知识		具备一定的电器的专业知识，熟悉华南各区的项目情况，完全能胜任后期工作，并能为团队创造更大的财富			10
			具备一定的电器知识、电脑软件操作熟练，对项目信息及所在岗位内容熟悉			8
			专业知识欠缺，需进行培训			4
	申请应聘原由		完全能胜任所应聘的工作岗位			10
			有条件做好，望日后能为团队创造更多的财富			8
			不适应现在的工作岗位，想换个工作环境			6
			仅仅因为考虑薪酬			4
	转岗后工作安排		安排合理，条理性强，有计划，有方法，可行性强，能够解决工作的些许问题			10
			安排合理，有计划，有方法，可行性强			8
			工作安排中对计划、实践方法阐述不明确			6
			工作安排不合理			4

续表

打分项		分值
面试提问回答（共40分）	回答很有逻辑，并且对岗位工作有很强的统筹能力	40
	回答较有逻辑，对岗位工作能胜任	30
	回答一般，需要指导下才能做好岗位工作	20
	回答毫无逻辑，不能胜任	10

附件2

部门领导评分表

姓名		职位		得分		领导签名	
考核内容							分值

	考核内容	分值
制度执行	能熟练掌握公司各项制度，并灵活运用到日常各项工作中	20
	了解公司各项制度，日常工作中严格按制度办理	16
	基本了解公司各项制度，日常工作中基本按制度办理	12
	对各项制度不明确，工作中需时时督促	8
	近三个月内工作中多次违反相关制度，并造成不好的影响	4
工作态度	热爱这份工作，能够态度积极、按时按质按量完成每一项工作，注重细节	10
	工作认真积极，遇到问题及时反馈，按时按量完成	8
	大部分时间都能认真做事，偶尔需他人提醒	6
	工作态度一般	5
	工作马虎了事，经常需其他同事领导进行帮助	4
工作绩效	工作效率高，具有卓越创新能力	10
	能胜任工作，效率符合标准	8
	工作不延期，表现符合要求	6
	勉强胜任，无突出表现	5
	工作效率低，时有错误	4
责任感	有积极责任心，能彻底达成任务，可以放心交付任务	20
	具有责任心，能顺利完成任务，可以交付工作	16
	尚有责任心，能如期完成任务	12
	责任心不强，需有人督促，方能完成工作	8
	欠缺责任心，时时督促，亦不能如期完成工作	4

续表

考核内容		分值
学习能力	积极主动参加公司培训，学习力强，并带领团队进行学习，为工作寻求更好的解决方法	10
	积极参加公司培训，自主自发地学习相关知识，遇到问题，主动寻求同事、领导的帮助	8
	自身尚有学习能力，并能解问题	6
	对公司培训、学习机会参与性不积极，有待加强	5
	自主学习能力欠佳，且遇到问题不寻求同事、领导的帮助	4
团队建设	顺应公司发展，具有大局意识、协作与服务精神，在制度、部门职责、工作流程等整个公司的团队建设方面有巨大的贡献	10
	为公司加强自己所在部门的团队建设，在工作进行中曾做出合理化建议	8
	配合公司领导安排，遵守各项制度，组织完成团队任队	6
	团队建设方面，个人思想比较严重，岗位工作质量下降	5
	违反团队目标，违反相关制度，激化个性化思想，不利于团队建设	4
沟通能力	善于上下级沟通，部门间协调，外联部门维护良好，并能积极主动自发与人合作	20
	乐意与人协调沟通，顺利达成任务	16
	尚能与人合作，但需领导提点方可达成顺利沟通	14
	协调不善，致使工作质量下降	10

附件3

管理人员应聘申请表

应聘单位：____ 年__月__日

姓名		性别		出生年月		照片
籍贯/户口		身高		政治面貌		
职称				婚否		
联系方法	电话： 联系地址：			E-mail：		
掌握何种外语		掌握程度		证书或成绩		
应聘部门		应聘职位				

续表

对公司待遇等要求	1.月最低薪金_____元 2.其他：_____	
个人学习简历	起止日期	毕业院校及专业、学历
个人工作简历	起止日期	单位及职位职称
爱好及特长		
备注		

说明：应聘管理人员应携带学历证书、各种获奖证书及其他有效证件复印件；此表可附个人简历。

二、网络招聘

网络招聘，也被称为电子招聘，是指通过技术手段的运用，帮助企业人事经理完成招聘的过程。即企业通过公司自己的网站、第三方招聘网站等机构，使用简历数据库或搜索引擎等工具来完成招聘过程。

1.网络招聘的优点

网络招聘具有图2-15所示的优点。

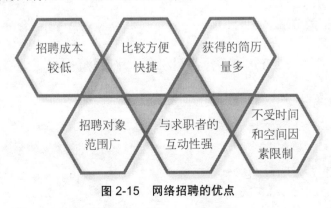

图2-15　网络招聘的优点

2. 网络招聘的缺点

网络招聘的缺点如图2-16所示。

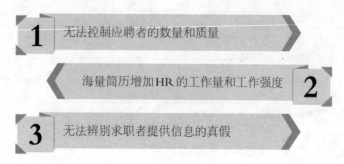

图2-16 网络招聘的缺点

3. 招聘平台的选择

网络招聘细分渠道众多，选用哪些渠道呢？HR在选择时，要选择"对"的，不选"贵"的。

（1）如果面向全国招募人才就选择全国性的综合招聘网站，如智联招聘、前程无忧、58同城等；

（2）假如只是区域内招聘，就选择地区性强势的招聘网站，如地方论坛、地方人才网等；

（3）如果需要招聘专业性人才，那就可以用行业性网站，如BOSS直聘、约聘网、汽车人才网、司机招聘网等。

总之，在选择招聘平台时，HR要根据公司规模并结合公司对人才层次的要求进行选择。

 相关链接

2019中国网络招聘行业市场格局

2019年中国网络招聘行业市场规模达到107亿元，增速达到17.32%，其中上市招聘平台营收占比超过50%。在数字化变革的趋势下，企业人才需求和个人职业方向都发生了深刻变化，网络招聘平台也相应调整自我发展方向。

2019年网络招聘平台除了稳步发展线上招聘业务之外，更多地开拓校园招聘服务、会员服务、知识付费服务等，通过产品、技术进一步扩展人力资源生态系统，为更多B端（商业端）企业和C端（消费者端）求职者提供更为专业的服务，这是网络招聘市场营收规模增长的主要原因。

另外，多平台的业务拓展也为招聘市场营收的增长做出了贡献。除了主要的头部玩家积极打造业务生态之外，还有腰部和长尾部网络招聘玩家积极探索招聘业务发展模式，如提供视频面试等服务。

网络招聘行业的发展从一定程度上能够反映出国家行业的发展动向，经历了近20年的发展，网络招聘平台仍然秉持综合招聘的模式，同时不断探索新的竞争格局。

目前，网络招聘行业形成了招聘综合化、招聘领域化和招聘渠道化的竞争格局（如下图）。综合化的平台涉及行业广，更偏向白领招聘。垂直类平台目前更多集中在零工领域、社交招聘领域，这一层面的平台种类多，数量多，但平台之间差异相对较大。

新兴招聘渠道则包括了众多依托公众号建立的小规模平台、行业人才直招和大厂直招等。这层面的平台可能会分散一些专业招聘平台的用户流量，但整体而言，招聘平台提供的人才求职与发展的服务会更加专业。

招聘综合化

总体偏向综合招聘，涉及各行业
代表企业：前程无忧、智联招聘、BOSS直聘

招聘领域化

各招聘平台占据不同的垂直领域，如社交、蓝领用工、技术人才等，区分较为明显
代表企业：猎聘、脉脉、应届生求职网、兼职猫、斗米、领英

招聘渠道化

依托公众号、小程序搭建招聘平台规模较小；垂直行业直招行业人才，互联网大厂自建招聘平台
代表企业：58同城、百度招聘、腾讯招聘

中国网络招聘行业市场竞争格局分析情况

三、校园招聘

校园招聘是一种特殊的外部招聘途径，是指招聘组织（企业等）直接从学校招聘各类各层次应届毕业生，也指招聘组织（企业等）通过各种方式招聘各类各层次应届毕业生。

1.校园招聘的优点

校园招聘的优点如图2-17所示。

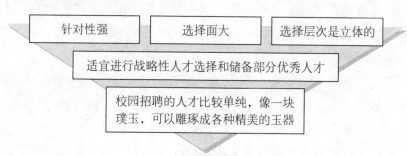

图2-17 校园招聘的优点

2.校园招聘的缺点

校园招聘的缺点如图2-18所示。

1. 由于没有任何工作经历，企业对应聘者今后可能的表现和绩效缺少充分的把握

2. 由于学生缺乏经验，企业投入的培训成本高

3. 由于学生常有眼高手低、对工作期望值过高的缺点，因此一年内跳槽的概率高，造成招聘成本高

4. 如果培养、任用不当，学生可能会不认可企业的文化和价值观，影响企业的团队建设

图2-18 校园招聘的缺点

3.校园招聘的方式

（1）企业直接派出招聘人员到校园去公开招聘。

（2）由企业有针对性地邀请部分大学生在毕业前（大约前半年的时间）到企业实习，参加企业的部分工作，企业的部门主管直接进行考察，了解学生的能力、素质、实际操作能力等。

（3）由企业和学校联手培养人才。

4.校园招聘的流程

（1）前期相关准备工作。

（2）发布招聘信息。

（3）准备面试题。

（4）与校方联系，确定校园招聘的时间和地点。

（5）在校园内提前进行企业招聘的宣传，尽量吸引优秀的毕业生到招聘现场。

（6）进行现场演示，介绍公司的历史、文化、发展前景、人力资源管理的概况，特别是员工薪资福利概况和培训发展概况。

（7）请应聘者递交简历，或填写求职申请表。

（8）对简历进行初步筛选，通知并组织面试。

（9）向学校相关部门和老师了解应聘学生的在校表现。

（10）初步决策。

实战范本

××公司校园招聘案例

校园招聘，主要是指企业直接从学校招聘各类各层次应届毕业生，也可指企业通过各种方式招聘各类各层次的应届毕业生。它是企业外部招聘的一种特殊形式，每年9月中旬各企业陆续启动校招，两个小高峰分别是9～11月以及次年的3～4月，大多会以校园宣讲会的形式进入校园，或直接举办招聘会。

成功的校园招聘不仅可以满足招聘需求，还可以树立企业形象，越来越受到企业的重视。很多公司每年校招季节会走访国内各大高校，挖掘优秀应届毕业生为己所用。接下来将以一家具体公司为例，探讨如何开展一次高质量的校园招聘。

一、企业背景

××公司成立于20世纪末，总部位于上海，是一家跻身中国500强企业的物流公司。公司具备一定规模，服务网络几乎遍布全国，并开通了多条国际线路。

近年来公司发展势头迅猛，人才需求稳步上升，如何进行高质量的人才招聘与储备，是××公司十分重视的问题。下面将具体分析该公司2014届校招，学习他们的经验。

二、校招流程

校园招聘面向学校的应届毕业生，旨在选拔目标院校中的优秀人才，流程可分为如下几个步骤。

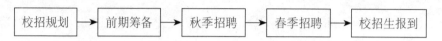

1.校招规划

如何花小钱办大事，如何在抢人大战中脱颖而出，如何保证校招生的报到率、留存率……，这些都是校招过程中需要关注的问题，只有把校招规划做好，这些问题才能得到解决。××公司每年的校招工作从开始准备到结束历时约一年，足以看出其重视程度。

一般从当年的8月开始，人力资源部就会开始新一年的校招规划。××公司这一年度的校招目标是2115人。此外，还要评估往年校招情况，主要涉及4个关键事件：招聘情况梳理、校招模式完善、院校评价、招聘规划。

总之，在这一阶段，人力资源部需要做的工作包括：确定用人需求，评估往年校招情况，完善校招模式，根据报到生质量评估对应高校水平等。这一阶段的工作是整个校招环节的第一步，整一年度的校招基调由此确定。

2.前期筹备

前期筹备要为下一阶段正式招聘活动制定行程、准备物资等，具体包括规划线路、甄选院校、准备物料（海报、试卷、面试问题等）、招聘培训、系统部署等。所谓"兵马未动，粮草先行"，只有把前期准备工作做好，日后的秋招和春招才能顺利展开。

3.秋季、春季校园招聘

10月以及次年的3月左右会进行两次校园招聘,分别是秋招与春招。企业的重心应该放在秋招上,因为相比于春招,秋招生源质量更高,一次秋招基本就可以满足公司本年度的人才需求。

企业在春招环节主要是抢夺考研、考公失利的应届毕业生,这批学生中也不乏能力较强者,因此企业一般不会在秋招时就将招聘需求全部满足,而是会留出小部分名额给春招。

2014年秋招××公司总计进行了100场宣讲会,接收简历57436份,最终录取了1984人;次年春招开展了35场宣讲会,收到2万多份简历,录取152人。

企业一般会选择以宣讲会这种方式进入校园并向学生与老师们推销自己,从××公司的案例中我们也可以直观看到,秋招时该公司通过100场宣讲会的效应,吸引了全国5万多名应届毕业生投递简历,平均每场宣讲会就会有约574名学生投出简历,平均每场约录取19人,2014年度××公司的秋招工作还是收获颇丰的。

4.校招生报到

次年7月校招生报到,××公司整年度的校园招聘才基本告一段落,但这里会看到一个现象:报到人数小于签约人数——两阶段招聘共计2136人,但7月实际报到的人数却只有1530人,其中本科生1297人,硕士生233人。

与应届毕业生签订就业协议,并不意味着他们就一定会来报到。这其中有很多因素,首先是可能找到了更好的公司,比如一开始签了一个小型游戏公司,但后来又收到了网易游戏的工作邀请,显然毕业生更可能会选择后者;其次是签订协议前应聘者并没有详细了解岗位或者公司情况,如薪资水平、工作地点、工作强度、食宿问题;最后还会有一些个人因素也会影响毕业生的报到率,如家庭安排、情感因素等。

三、往年校招情况评估及优化

这一小节中,主要讨论如何评估往年校招情况,同时结合各指标,有针对性地提出怎样提高校招质量。

评估校园招聘情况,是校招第一步中的任务,对于往年的评估,一定要全面,可从以下几个指标入手:场均简历量、场均到场人数、简历初筛通过率、面试到场率、面试通过率、签约率、报到率、留存率、晋升率。

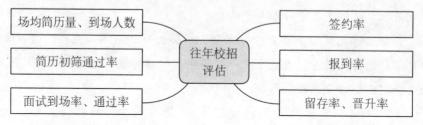

1. 场均简历量、到场人数

场均简历量、到场人数,就是秋招、春招举办的宣讲会中平均每场收到的简历量、到场人数。这两个指标主要用于评估宣讲会前的宣传工作是否到位、实际宣讲质量如何。

2. 简历初筛通过率

简历初筛通过率是指将收集到的简历按照一定的标准筛选后,通过人数占总简历数的比例。简历初筛可以将不适合的应聘者剔除,大大提高后续简历筛选以及面试的效率。一般在事前设定一些标准,如院校、专业、身高、毕业时间等。

3. 面试到场率、通过率

实际到场面试的人数占公司通知面试的总人数就是面试到场率,面试到场率高,说明公司前期宣讲会颇有成效,公司在同类型企业中对应届毕业生较有吸引力。

面试通过率,就是面试通过人数占总人数的比重,它反映了面试的质量。通过率低,面试筛选标准严苛,可能会淘汰掉一部分优秀人才,但筛选出的人才大概率来说也会更加优秀;通过率高,筛选标准宽松,可能会存在部分不符合要求的人员未被淘汰的情况。因此,面试通过率一定要保持在一个合理区间,这也是评估校招质量的一个指标。

4. 签约率

与公司签订就业协议的人数占公司发出工作邀请的总人数的比例就是签约率,签约率会受很多因素影响,如薪资水平、签约时间、违约金数额、公司实力等。

2013届校招时××公司将薪资水平调整到市场65分位后，拒签比例下降了10.83%；但下一年没有调整，致使当年薪资水平低于市场65分位，直接导致了拒签比例升高6.6%。由此可以直观看出薪资待遇对于签约率的影响，要想提高签约率，势必需要提高公司自身的薪酬竞争力。另一个影响签约率的因素是签约时间，一方面是一些院校三方协议发放时间较晚，致使签约困难；另一方面是操之过急，签约时间过快，学生准备时间匆忙。违约金数额的设定也需注意，××公司调高违约金金额后，可以看到到场拒签的比例上升了9%，这也是为什么市场上部分企业（如华为、万科等）为了吸收优秀人才而不收取违约金。

一个学生在校招期间一般会收到几家公司的工作邀请，但最终只能选择最心仪的一家企业。因此也可以从签约率评估校招质量。签约率高，说明该公司校招表现出众，校招各环节设置合理，同时公司自身相较于同行业其他公司也具有更强的吸引力。

5. 报到率

毕业生与公司签约后，7月份左右会到公司报到，但此时会有部分学生选择毁约，哪怕需要支付一定数额的违约金，原因在前文已经提过。这里需要另外注意的一点是，较高数额的违约金会拉低签约率，但却会提高毕业生的报到率，如何设置一个合理数额的违约金，是值得思考的。

宣讲会时是否将岗位与公司情况介绍到位，也会直接影响应聘者后续的报到率。

6. 留存率、晋升率

公司投入大量成本招聘到的毕业生，只有能够留在公司，持续为公司创造价值，才能说公司的钱没白花；只有这些校招生经过历练与组织的培养，能够独当一面，获得晋升，才能说公司的钱花得值。

因此，可以用这两个指标评估校招生质量及校招选拔水平。如何选对人，除了宣传到位、宣讲发力、测评准确外，还有一个关键是院校的选择。公司除了选择高素质院校进行校招外，还应该结合往年在各高校进行校园招聘的具体情况以及各院校报到生的质量，综合考虑要将重心放在哪些院校，以及是否要增加、舍弃部分院校。

四、办好宣讲会

通过前文可以看出，宣讲会在整个校招环节中发挥了重要作用，它虽然看似简单，只需要联系目标院校，召开宣讲会即可，实则不然，以下环节需要格外留意。

1. 宣讲时间

宣讲时间早，不容易与其他公司的宣讲时间撞车，且参加学生人数多，能够收集到更多简历，网罗优质应届毕业生；此外，较早进入校园的企业由于首因效应的影响，也更容易给学生留下深刻印象。

部分院校三方协议发放时间较晚，由于工作邀请的时效性限制，公司可能会痛失很多优秀学生。基于此，××公司也对宣讲会的时间进行了修改——对于三方协议发放较晚的院校，顺延该校宣讲会召开时间。

2. 宣讲会到场率

以往简历收集只能靠线下宣讲会，但随着网络科技的进步，求职者在屏幕前动动手指就可以投递出自己的简历。这样极大地提高了效率，减轻了宣讲会现场工作人员来回搬动简历的负担，但也存在着一定弊端——宣讲会到场率下降。××公司宣讲会到场率就呈逐年下降趋势，从2012年的100%骤降至2014年的50.19%。

公司拿出大量时间精力以及金钱组织宣讲会，到现场后却发现门可罗雀，这是企业所不愿看到的。另一方面，××公司在校招盘点过程中也发现，参加宣讲的人与未参加的相比，面试到场率更高，大致为2∶1的比例；未参加宣讲的毕业生报到率仅为30.2%，但参加宣讲的校招生报到率高达90.7%，二者差异显著。综上可以看出，宣讲会到场率对于校招质量有着非常重要的影响，因此一定要给予足够重视。

（1）宣传范围。企业要尽可能拓宽宣传渠道，除了传统的宣传渠道，如海报、招聘平台外，还可选择微博、微信、B站（哔哩哔哩）等渠道宣传。

（2）宣传视频。在当下，短视频越来越受年轻人的喜爱，招聘方可考虑制作一份精良的宣传视频，投放到上面提到的宣传平台，叠加宣传效果，吸引更多的人来参加宣讲会。

（3）宣讲通知。可以与网络招聘平台或北森人才测评系统等合作，收集应聘者联系方式，在宣讲会召开前，以短信、邮件等形式通知应聘者参加。值得一提的是，在××公司的通知短信中，提到了"参加宣讲会将优先录取"，这不失为一个吸引有意向者参加宣讲会的好办法。

（4）宣讲内容。只有投其所好，宣讲会才能吸引更多学生参加。××公司对已报到的学生进行了调研，发现无论是本科生还是硕士生，都更加关心职业发展、薪酬福利、招聘岗位、公司介绍这四方面的内容，因此可以考虑调整宣讲会宣讲内容、各部分所占比例，突出重点，吸引更多人到场。

五、小结

校园招聘是企业外部招聘不可或缺的重要渠道，HR掌握了校招要领，招聘工作的开展就会容易很多。本案例主要分析了××公司的校招流程，但具体的招聘工作还是要结合企业自身特点，有针对性地打造自己公司的校招模式。

四、现场招聘

现场招聘是企业和人才通过第三方提供的场地，进行直接面对面对话，现场完成招聘面试的一种方式。现场招聘一般包括招聘会及人才市场两种方式。

现场招聘会一般由各级政府及人才介绍机构发起和组织，较为正规，同时，大部分招聘会具有特定的主题，比如"应届毕业生专场""研究生学历人才专场"或"IT类人才专场"等，通过这种毕业时间、学历层次、知识结构等的区分，企业可以很方便地选择适合的专场设置招聘摊位进行招聘。对于这种招聘会，组织机构一般会先对入会应聘者进行资格的审核，这种初步筛选，节省了企业大量的时间，方便企业对应聘者进行更加深入的考核。但是目标人群的细分方便了企业的同时，也带来一定的局限性，如果企业需要同时招聘几种人才，那么就要参加几场不同的招聘会，这在另一方面也提高了企业的招聘成本。

现场招聘会的方式不仅可以节省企业初次筛选简历的时间成本，同时简历的有效性也较高，而且相比其他方式，它所需的费用较少。但是现场招聘也存在一定的局限，首先是地域性，现场招聘一般只能吸引到所在城市及周边地区的应聘者。其次这种方式也会受到组织单位的宣传力度以及组织形式的影响。

五、委托猎头公司招聘

现在的企业在寻找高级人才的时候，都喜欢委托猎头公司来寻找，猎头公司可以为企业制订招聘计划和方案，让企业及人才更好更快地找到适合的人才及工作。

1.与猎头进行面谈沟通

企业如果想要委托猎头招人，不要期待仅通过线上交流就能谈成一笔交易。如果没有面对面交流，双方都很难去深刻地了解彼此。为此，企业对面谈的次数也需要好好把握，通常情况下，电话沟通是不足以走到达成协议的地步的。企业与猎头至少要在见面的情况下进行沟通，才有条件判断对方是否值得进行合作交易。所以，企业做好面谈沟通是第一步，只有见面后与猎头沟通，才能判断猎头是否靠谱。

2.详细清楚地表达自己的需求

对于企业来说，想要委托猎头快速帮自己找到合适的人才，就必须先让对方彻底地理解自己的需求。

比如，需要告诉猎头职位需求，老板对人才的要求是什么，因为每个企业的职位不同，管理者的管理模式和想法都不同，对每个职位的要求自然都是不一样的。

所以，企业需要详细并清楚地向猎头公司表达自身的需求，这样委托猎头招人速度会更快。

3.拟好猎头委托书

一笔业务的达成，最重要也是最关键的一步就是签订交易关系协议书。

我们所有的要求与需求,以及个人权益与义务都是从这份委托书体现出来的。前面沟通过程中所表达的任何事项都是口说无凭的。因此,企业想要委托猎头招人,双方就都需要负责任地编辑好猎头委托书,在委托书上详细地注明企业自身应该享有的权益和猎头应该履行的义务。尤其要注意避免一些含糊不清的表达,和一些具有双关语义的词语,尽可能地使委托书简明、易理解、全面。

下面提供一份委托招聘协议的范本,仅供参考。

委托招聘协议

编号:

委托方:_____(以下简称甲方)
代理方:××××猎头部(以下简称乙方)

甲方因公司发展需要,特委托乙方提供招聘服务。经双方友好协商,达成以下条款:

第一条:主旨
本合同目的在于确定甲方委托乙方代为招聘人才时双方的权利和义务。

第二条:招聘服务的基本方式
1. 甲方向乙方提供详细、真实的公司情况及背景资料。
2. 甲方向乙方提供与职位相关的详细、真实的资料。
3. 甲方应在乙方提供候选人才资料后三天内作出面试复审决定;在面试复审一周内,做出是否聘用的决定。
4. 非经乙方同意,甲方不得提前与乙方推荐的候选人见面。

第三条:甲乙双方的权利和义务
1. 甲方的权利和义务
(1)甲方应按照本协议规定的要求,考核、验收乙方推荐的人才,并于考核之日起七天内就是否聘用乙方推荐的人才的意见及理由通知乙方。否则,视为同意聘用。

（2）甲方拒绝乙方提供的人才，从而导致乙方服务失败，但在乙方服务终止后的十二个月内聘用曾被甲方拒绝的人才，应于聘用前通知乙方，并向乙方支付全额服务费。否则，视为违约。甲方应就此向乙方支付全额服务费及违约金（违约金为全额服务费的20%）。

（3）乙方推荐的候选人到甲方工作三个月之内（含试用期）离开甲方的，甲方应在七日之内向乙方提出要求继续服务的书面通知。

（4）甲方须履行职位承诺，若甲方未履行职位承诺，致使乙方推荐至甲方就职的人离职，甲方应负全部责任。

2.乙方的权利和义务：

（1）乙方应按照本协议的要求为甲方推荐人才，并保证所推荐人才资料的真实性，同时安排有关面试复审的事宜。

（2）乙方在接到甲方要求继续服务的书面通知，经核实后，乙方保证继续为甲方推荐人选。

（3）乙方保证被推荐人背景资料的真实性。但若被推荐人任职甲方后，出现问题，乙方不负任何责任。

第四条：收费标准及实施

1.服务费标准如下：

服务费＝年薪×____%（月薪为正式录用后的基本工资＋每月固定奖金＋补贴＋提成；年薪以月薪×12计算；若有股权或期权方案，双方再另行协商折算成薪金的比例）

2.服务费如下：

委托招聘职位	人数	薪金/年（RMB）	服务费（RMB）	备注

3.甲方应在乙方推荐人才到岗一周内，将定金_____元整人民币付给乙方（定金按服务费的30%计算）。

4.服务费余额应于乙方推荐人转正一周内全部付清。如甲方延期付款,则应按总服务费的20%支付违约金。

5.付款方式:现金或支票。

第五条:本协议及附件一式两份,甲乙双方各执一份。本协议自双方签字后即具有法律效力,其他未尽事宜双方协商解决。

甲方: 乙方:××××猎头部
代表: 代表:
 (盖章) (盖章)
____年__月__日 ____年__月__日

第三节 发布招聘广告

招聘广告主要指用来公布招聘信息的广告,要为应聘者提供一个获得更多信息的来源。人才招聘广告就是企业员工招聘的重要工具之一,设计的好坏,直接影响到应聘者的素质和企业的竞争。

一、设计招聘广告的原则

提高招聘广告的成功率对节省企业招聘成本大有益处,一份好的招聘广告至少要达到两个目的:一是吸引人才,二是宣传企业价值观与形象。所以,撰写与发布招聘广告应当紧紧围绕这两个目的进行。

招聘广告的设计原则与其他广告基本相同,应符合如图2-19所示的AIDAM原则。

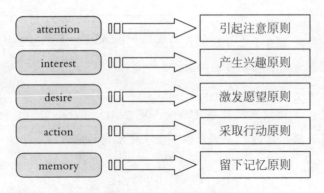

图 2-19 招聘广告的设计原则

1.引起注意原则

一则好的招聘广告必须能吸引眼球,这就要求广告能用独特的、与众不同的格式、篇幅、标题、字体、色彩或图案进行设计,再配合合适的媒体与广告位,才会取得好的效果。

比如:"诚纳英贤志士,共创世纪伟业";"您想加入一个成功的国际企业吗?融入这个充满活力的团队吗?您职业发展的良机——加入××!""您想提高自己吗?一个提高您自己的机会摆在您面前,与××一起抓住它吧!"等。

又如,有一则招聘广告,刊有一幅雄鹰图案,图案上方写着"飞翔,需要更广阔的天空",在一群大雁下边写着"××展翅飞翔,期待着您的加盟!",这样的广告非常有吸引力。

2.产生兴趣原则

如果只让大家对你有所关注,但产生不了兴趣,也就失去了意义。要想在引起注意的基础上让受众产生兴趣,就必须设计出能够使人产生兴趣的点或面,比如语言的表述要力求生动形象,有时还需带些幽默感。

比如:"精彩,与您共演绎。公司遵从'尊重人、培养人、服务人'的理念,以极具竞争力的薪酬、全面体贴的职业发展规划、高效和谐的企业文化,诚招天下英才。""与您携手共进,共创辉煌未来""××永远属于富有理想和激情的年轻一代!"等。

3.激发愿望原则

求职者看到了广告，但进而如何使他们产生申请的愿望，除了以上所列内容外，还要来点实际的，即要有能够满足他们需求的内容。人的愿望大多来自内部需要和外部刺激，内部需要是他们是否想找我们能提供的工作（职位），外部刺激就是要让他们看到应聘该职位能得到的好处。所以，在广告中还要加入：员工能够得到的薪酬福利与培训发展机会、挑战性的工作与责任、自我实现的可能等内容。

比如，有一则房地产公司在招聘售楼业务员时采用："你愿意让自己辛勤的付出拥有丰厚的回报吗？""我们致力于培养职业经理人，追求健康丰盛的人生！"等。

4.采取行动原则

招聘广告的最终目的是在公布后很快收到大量符合条件的申请信与简历，要做到这一点就需要简单明了地写明联系人与联系方式，包括电话、传真、电子信箱、通信地址等，以便让求职者用他们习惯的方式与你联系。

5.留下记忆原则

不管看到广告的人是否采取了行动，都要在他们记忆中留下深刻印象，这是招聘广告的第二个目的，即对企业的形象与业务进行宣传。要想达到此目的，上面谈到的广告手法都可使用。

二、招聘广告应包含的内容

一般来讲，招聘广告主要是写给求职者看的，主要由公司名称、企业简介、岗位名称、招聘名额、职位描述、职位要求、联系方式等内容组成。

1.在显眼位置标明企业标志和广告性质

招聘广告设计的最基本要求是让阅读者一眼就可以看出这是什么广告，不会与其他广告混同。因此，应在广告的显眼位置注明广告的性质。

比如，就报纸广告而言，最显眼的位置应该是左上角，其次是左边，称为"金角""银边",这与汉字从左至右的排版习惯有关,在"金角""银边"的位置,应该印上招聘单位的名称和企业标志,并以大号字体注明"诚聘"或"聘"的字样。

2.企业性质简介

招聘广告的第一段应该写清楚企业性质及经营业务等情况,以便让应聘者对招聘企业有一个初步的了解。不应文字过多、喧宾夺主,而应以简练的语言将企业最吸引应聘者的信息表达出来。

比如,有一家企业在简要介绍完自己企业的情况后,加上这么一段话:"在本公司,你不必有以下顾虑:论资排辈;唯学历论;发展空间狭窄;嫉贤妒能;分配封顶;缺乏培训机会。"这就是一个颇为成功的设计。

3.主要职责和任职要求

招聘广告要发布的最重要的信息之一是有关空缺职位的"主要职责"和"任职要求"的信息。"主要职责"告诉应聘者这个职位要做什么,"任职要求"告诉应聘者应聘该职位要具备什么条件。当然,这里不需要将该职位的工作说明书中的相关条款全部照搬下来,但至少要参考其中的主要条款并以简要的语言注明。

4.申请资料要求和联系方式

招聘广告的最后部分,要向读者说明投寄申请资料的要求和联系方式。如"有意者请于某月某日前将详细的学习和工作简历、有关学历证书和身份证复印件、免冠近照、要求薪金、联络地址和电话寄至……"。

可以要求应聘者提出薪金要求,这是有关应聘者的重要信息。招聘企业提供的联系方式主要有三种:通信地址、电子邮件和传真。对于招聘工作量大的企业,可以不提供电话,以免增加人力资源部的人力成本。

除此之外,在招聘广告的内容设计中,关于是否还需要添加其他项目,如企业文化情况、食宿条件、培训情况等,可视招聘企业的具体情况和广告篇幅而定。但要注意根据具体情况突出重点,避免面面俱到。设计出一则成功的招聘广告,既能体现企业对人才的尊重和渴求,又能表现出企业在管理上的细致、高效。

下面提供一份招聘广告的范本，仅供参考。

招聘广告

因业务发展需要，××省电信实业集团公司××市分公司特向社会公开招聘导购员若干名，具体要求如下。

一、招聘范围

××市区及乡镇的待业人员。

二、招聘条件

1. 年龄25周岁以下，身高1.60米以上，品貌端正、亲和力强、身体健康、遵纪守法。

2. 大专及以上文化程度。

3. 声音条件好，普通话标准，口齿清楚。

4. 有较强的文字、语言表达能力和沟通能力。

5. 了解××地域基本情况，具有一定的计算机文字输入能力。

6. 具有良好的心理素质及营销服务潜质。

7. 有相关工作经验的成熟人才优先。

三、用工性质

为××市劳动保障事务代理中心合同制员工，派遣至××省电信实业集团公司××市分公司。

四、待遇

工资报酬按照用工单位派遣制员工薪酬管理办法执行。享受养老、医疗等五大保险及公积金。

五、报名方式

应聘者请将本人简历（请写明联系电话）、身份证复印件、失业证复印件、学历证书复件及一寸照片一张，于20××年××月××日前寄至××市××路××号××电信实业集团公司××市分公司综合办××室。

联系电话：××××××××

三、传统招聘广告的写作技巧

1.撰写传统广告标题的技巧

一个好的标题应该是具备图2-20所示的四大功能。

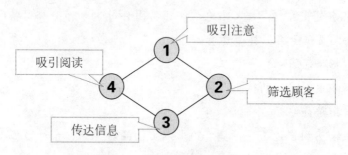

图2-20 好的标题应有的功能

不过这四个功能都显示出一个问题,就是要与候选人匹配度高,对于候选人来说,这个招聘广告要看起来"与我有关"。因为人总是关注自己想关注的内容,对自己没有任何利益或生存关系的事情,往往会略过。

候选人人群的身上,都会带着一些能够定义他们是谁、他们来自哪里、他们的个性是什么的标签。如果企业把招聘广告中包含的这些用户所具备的标签呈现出来,当目标人群看到的时候,就更容易引起关注。

因此,招聘标题首先一定要简洁醒目,才能吸引人。其次,标题需要个性化,通过标题去勾起用户的好奇心。

比如:

(1)90后的舞台。

(2)您知道我在等你吗?

(3)没有年终奖?没有假期?我们公司都有!

(5)找工作=找对象,只找自己想要的!

(6)高薪不是问题,问题是你敢来吗?

(7)选择××,选择美好人生!

(8)急缺销售人员,之前的都当老板去了!

(9)听不懂他们在讲什么?我们会有各种培训,让你无所不知!

2.传统招聘广告开头的写作技巧

招聘广告的开头主要叙述招聘原因，引出招聘广告正文。常见的技巧有图2-21所示的三种。

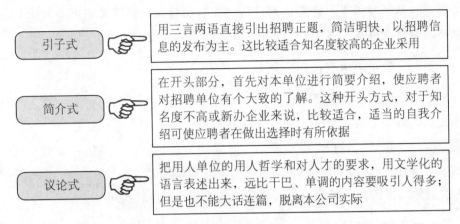

图 2-21　传统招聘广告开头的写作技巧

四、网络招聘广告的写作技巧

通过网络发布的招聘广告，其写作技巧如图2-22所示。

图 2-22　网络招聘广告的写作技巧

1.岗位名称要精准

网络招聘平台往往有求职者可以搜索目标岗位的搜索栏，很多求职者在搜索相应岗位的时候，总会出现一些相关的招聘岗位。常规来说，求职者在网络上搜索招聘信息时，一般会先看招聘岗位名称，然后再根据相应的标题点进去细看，如果岗位名称不够精准，往往求职者要么搜索不到，要么很容易忽略。

比如，台企往往会把招聘专员描述为"招募管理师"，但是常规来说企业都描述为"招聘专员"或者"人力资源专员"。如果企业发布"招募管理师"岗位，往往很难被求职者关注到，所以发布招聘信息时要采用大多数求职者最熟悉的精准岗位名称。

2.人员数量表达有技巧

如果企业需要招聘高端的人才（中高层人员或者高技能人才），可以把招聘人员数量写少一点。一方面让求职者觉得企业高端人才比较稳定，另一方面可以避免求职者盲投，造成双方的时间浪费。相反，如果招聘岗位要求不高，希望有大量的人员过来面试时（类似业务员或者电销从业人员），可以把人员数量写多点，求职者也会因为招聘人数多，产生机会可能会更大的感觉。

3.岗位描述要规范

企业通过网络发布招聘信息时，岗位描述精确与否往往决定着能否快速收到匹配的简历，招聘人员一定要明确，不可照抄同类岗位的描述。不同企业就算是同样岗位，还是会有所差异，一定要根据自身情况写出来。准确的岗位描述有利于求职者对自身的定位，减少简历投递的盲目性。

岗位描述通常可以分为两部分，第一部分为岗位职责，也就是职位说明书所描述的工作职责；第二部分为任职要求，也就是求职者需要具备的基本条件有哪些，哪些是硬性要求，哪些是软性要求，要明确到位，如果该岗位专业性较强，需要相关资格证，此处一定要描述清楚，不可模棱两可。

4.岗位晋升空间要清晰

很多求职者还会考虑自己如果入职，所在的企业未来可能提供的晋升岗位。两家企业差不多的情况下求职者从中一般会优先考虑有晋升空间的企业，如果入职了才发现企业根本没有什么晋升空间，求职者往往在短时间内就会考虑跳槽。

5.注明企业福利待遇

福利待遇常规包含薪资和其他福利方面（保险、实物、股票期权、培训、带薪假等）。薪资也是大部分求职者关注的一项，如果岗位有大致的薪酬范围，在市场上有一定优势的话，可以写出来。当然如果薪酬方面没什么优势的话，可以写面议，不过要突出其他的福利，比如生日福利、免费培训、免费茶点、股票期权等。

6. 突出企业上班时间

如果企业上班时间少于标准上班时间，建议要重点突出，如企业是5天7小时或者不定时上班制，那么要重点凸显。如果是超过标准上班时间的，超出部分有加班补贴的可以适当提及，反之建议弱化。

7. 杜绝错别字

企业在招聘页面一定要杜绝错别字，轻则让求职者认为招聘工作者粗心大意，重则会认为企业管理不够细致严谨，这些都会影响求职者对企业的印象，导致优秀人才不屑一顾。因此，招聘页面的审核要慎之又慎，坚决杜绝错别字。

8. 同一岗位不宜长招

如果一个企业的××岗位长期在招聘网站上挂着，会让求职者产生如下想法：一是岗位流动性较大，新人难以适应；二是企业要求过高或者根本就没在招聘，只是在储备简历。无论何种想法，都会让求职者对企业印象大打折扣。如果确实有招聘需求，但是招聘困难，招聘人员应适当地停止发布该岗位招聘信息，过段时间再重新发布，实在不愿意把岗位招聘停下，可以删除重新再发布，这样发布时间或者招聘记录就会更新了。

网络招聘广告可参考图2-23。

结构工程师　　　　　　　　　　6500～12000 元/月
结构工程师

包住　包吃　年底双薪

招3人　大专　1-2年,可接收应届生

深圳 - 龙岗 - 坪地　　　　　　　查看地图

图 2-23

职位描述

有意向求职者可与我直接电话沟通

一、工作职责

1.负责维护改良目前公司产品机型的结构设计,及时解决产品生产过程中出现的相关问题。
2.根据公司未来需求开发新产品的外观,进行项目可行性分析,结构方案制定、结构设计,协助模具制作与验收、结构调整和产品性能试验等。
3.负责制定结构外观打样规格,跟进供应商样品打样,对供应商打样样品质量进行确认。
4.独立解决新产品白板的外观和结构设计,跟进打样、试产、批量生产等。

二、任职要求

1.专业:机械设计制造及其自动化、机械工程及自动化、机械电子工程、机械类相关专业。
2.学历:大专以上学历。
3.语言要求:英语四级。
4.年龄:26~38岁。

图 2-23 ××公司在 58 同城上发布的招聘广告

五、朋友圈招聘广告的写作技巧

随着社交软件的应用越来越广泛,许多HR会倾向于在微信朋友圈里发布招聘信息。相比起网站、报纸等渠道,朋友圈招聘时效性高、互动性强,而且更加精准,容易推广,因此受到了HR的一致青睐。通过朋友圈发布的招聘广告,其写作技巧如图2-24所示。

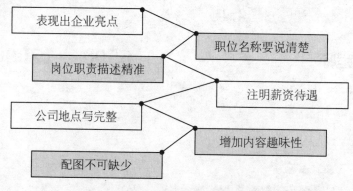

图 2-24 朋友圈招聘广告写作技巧

1. 表现出企业亮点

企业的亮点一直是吸引求职者前来应聘的重要因素。如果公司已经有一定的知名度，在朋友圈招聘信息中可以只放名字和招聘区域。否则，就要加一句话进行简单介绍。

比如，"×××省××××业领导品牌"或者"×家分公司，注册资金××××"等，言简意赅地表达出公司的亮点。

2. 职位名称要说清楚

要注意职位的描述具体清晰，最好能让人从职位名称中就能明白该职位的大概方向。

比如，"高级行政助理"就比"行政助理"的描述更令人一目了然。

3. 岗位职责描述精准

对于每一个职位的职责描述要精准。这个职位的日常工作是什么？

在描述每个岗位时，要尽量将岗位向应聘者"推销"出去，吸引具备相应能力的求职者来应聘这个岗位。

4. 注明薪资待遇

要想吸引人才，薪酬待遇十分重要。大多数求职者如果没有在招聘广告中看到薪资的相关信息的话，就不会投简历应聘这个职位。因此，对于每个职位的薪资待遇，企业最好注明一个大概的范围。

5. 公司地点写完整

在招聘信息中，应该包括关于公司地点的准确描述和前往公司的交通指南。要知道，朋友圈的传播范围是很广泛的，并不是所有看到此信息的人都知道你公司的地址。

6. 增加内容趣味性

在这个日新月异的互联网时代，中规中矩的招聘信息效果有限，而独具趣味性的招聘启事往往更加容易吸引求职者的眼球。尤其是对于广告、设计等要求较强创意性的企业来说，如果招聘广告读上去是有趣的、好玩的，则更容易抓住求职者的心。

7. 配图不可缺少

为了迎合现在爱刷朋友圈的求职者的阅读习惯，招聘信息一定要配图，才有助于增加阅读量。

> **小提示**
>
> 在招聘广告中，放上公司形象照、前台照、大型活动照等能突出公司特点的图片，会比较诱人。

朋友圈常见的招聘广告如图2-25所示。

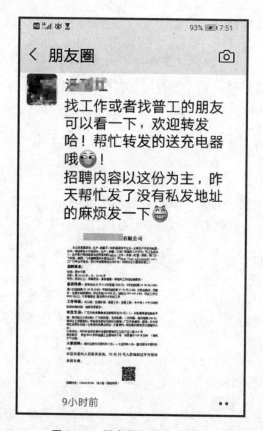

图2-25 朋友圈招聘广告截图

【疑难解答】

Q&A 招聘人员需要对自己公司有多了解？

答：作为招聘人员，首先要对自己的公司有足够的了解，如下面几个问题是最应了解的基本的情况。

（1）公司的主营业务是什么，哪些是核心团队，哪些是支持团队？
（2）目前公司发展情况如何，核心问题都有哪些？
（3）公司的主要竞争对手是谁，产品的市场定位是什么？
（4）竞争对手的人才都出现在哪里？
（5）公司文化，尤其是高管团队的管理风格是什么？
（6）公司的核心吸引力是什么？

Q&A 如何激励和考核招聘团队？

答：招聘团队的精细化管理能确保过程可控、结果可衡量、奖惩有据可依，从而使得招聘团队成员感受到结果相对公平，增加对团队管理者的认可。

（1）招聘团队的考核包括对招聘任务建模、对招聘任务达成的评估。招聘任务可从岗位紧急系数、岗位重要系数、岗位难度系数三个维度来建模；招聘结果达成可从面试通过率、工作邀请率、到岗率、试用期保有率和部门满意度等维度考核。

将招聘任务和结果达成分别赋予不同的权重，以此来计算招聘团队成员的综合得分，从而有效的评估招聘效果。

（2）招聘团队激励主要从奖惩、赋能两个维度展开。奖惩包括实施的现金奖励、荣誉奖励、职级提升、文化激励四个维度。赋能包括知识培训、技能培训。

Q&A 一个好的招聘渠道具备什么特征？

答：一个好的招聘渠道应该具备以下特征。
（1）招聘渠道具有目的性，即招聘渠道的选择是否能够达到招聘的要求。
（2）招聘渠道的经济性，指在招聘到合适人员情况下所花费的成本最小。
（3）招聘渠道的可行性，指选择的招聘渠道符合现实情况，具有可操作性。

如何选择招聘渠道？

答：企业在进行招聘活动的时候，选择何种招聘渠道，取决于多种因素，主要有招聘职位的要求、企业的文化、外部环境资源状况等。

（1）中高层管理和高端技术岗位：建议采用猎头、猎聘网、领英或委托行业协会推荐等方式，当然内部中高层管理者从内部提拔才是最好的渠道，只不过需要长期开展后备人才培养工作。

（2）技术类一般岗位和管理类岗位：建议采用行业网站上的招聘渠道，或者智联、前程无忧、中华英才等网站，如果不需要丰富的工作经验，最好就选择校园招聘。

（3）普工和一般后勤类岗位：人才市场，农民工就业中心等都可以，企业集中的区域也可以直接在厂区周边设置招聘点，另外也可以委托劳务派遣或人事代理公司等。

（4）现在社群招聘也很盛行，可以加入行业、专业的微信群、QQ 群，群里会有人才资源的交换或推荐。

（5）发动内部员工推荐，无论对任何岗位这都是一个最好的方式，内部推荐来的员工其适用性、稳定性都要更高。

如何让招聘广告吸引人？

答：要想让招聘广告吸引人，可从以下三个方面来入手。

1. 岗位收获要诱人

在发布招聘广告的时候，要对"岗位收获"进行描述，这里说的"岗位收获"是指除福利待遇之外的。

一份工作对求职者来说不仅仅是钱，还有其他看不见、摸不着的考虑因素，如：机会、能力、地位、品位等。这些既然是看不见、摸不着，那么更有必要在招聘信息中好好显现一下了，因为求职者毕竟对这个企业、岗位了解得不够深入，此时多说几句，效果更佳。

2. 待遇福利要实在

福利待遇是吸引人才最关键的因素，在没有感情的前提之下，谈钱是伤不了感情的。因此，该体现福利待遇的时候不要藏着掖着。

在岗位待遇不明确的时候，可以写区间，但不要写"2000～20000元"这种，这样明显是忽悠人的。对于宽带薪酬、业绩提成，建议用过去该岗位平均薪酬作为参考，更真实、可信赖。

3. 任职要求要宽松

每个岗位都有一定的任职要求，这不仅是岗位门槛，同时也是对这个岗位的定位及界定。

任职要求大多数从学历、能力、经历三方面开始下笔，为了吸引更多人投递简历，建议不要将能力、经历的硬性要求写得太僵化，要适度宽松。过于严苛的要求不仅仅挡住了人才，更多的是将企业的求才之路挡住了，除非你是一个超级厉害的企业。

任职资格要宽松，特别是不要将经历方面的要求写得太死板，这并不是说滥用人才，因为我们看重的不仅仅是人才的经历。"经历"是过去，"能力"才是未来，千万不要将这两个概念混淆，在招聘广告中将"经历"固化，挡住了"能力"。

企业怎么做宣讲式校园招聘？

答：（1）与校方联络，确定场地与时间，需要向校方了解，这个时间段能参与的学生有哪些，不要选与其他企业有冲突的时间段。

（2）印制企业宣传资料与邀请函，在宣讲会提前一周的时间，交由校方代为发放。正式的邀请函更能得到校方的重视，这样才能真正发到每个毕业生的手里。

（3）在校园网上同步发布宣讲会信息，并向校方申请一个管理员入口，在资料发放后与宣讲会之前的一周里，在线回答学生的提问。

（4）提前对会场进行布置，现场风格符合企业气质、体现企业实力。

（5）邀请企业擅长演讲的高管或 CEO 作为主讲人员，公司核心优势点的责任部门总监或人力资源总监作为补充演讲人员，人力资源部是现场的组织者、答疑者、资料收集者。

（6）现场答疑，主讲人员的答疑时间不超过 10 分钟，人力资源部的答疑时间不超过 30 分钟，现场互动环节如能准备一些有企业标志的小礼品为最佳。

（7）整理预约进企业参观的学生名单，分批进行。

（8）组织学生到企业参观，参观流程可为研发现场、小样间、制造工厂、仓库、物流、店铺、管理中心。中间邀请学生在企业食堂一起用餐，宣讲会当天参与的人员最好能够全部参加。

第三章

人员招募与甄选

导言

　　企业的竞争说到底是人才的竞争，人才招募与甄选工作的质量直接决定着一个企业的人力资源质量，关系着企业未来人力资源的开发与利用。成功的招募与甄选工作是使企业在激烈的人才竞争中立于不败之地的先决条件。

第一节 筛选简历

对应聘者简历进行筛选的目的在于快速判断合适人选,缩短招聘时间,减少招聘环节,降低招聘成本,提高招聘效率。

一、简历筛选的标准

对筛选简历来说,如果没有标准,那就要靠HR的个人经验来判断,这样可能会存在主观的因素,并给评估简历留下一些漏洞。因此,在做简历筛选之前,HR必须要了解,评估一位候选人是否值得被邀约过来面试,其中筛选的标准有哪些。

常见的做法是将简历筛选的标准分为表3-1所示的四种类型。

表3-1 简历筛选的标准

评估项目	加分标准	通过标准	待定标准	排除标准
简历格式	内容翔实,逻辑通顺,重点突出,自我评价具体,职责和贡献描述完整	内容翔实,条理清晰	简历描述太过简单,需要更新	逻辑混乱,语言不通,错别字满篇
求职意向	有明确的求职意向,工资期望符合公司要求	有明确的求职意向	有明确的求职意向,工资期望超过公司规定的范围很多	没有明确的求职意向,工资期望超过公司规定的范围很多
工作经验	符合职位要求	符合职位要求	经验偏少但与产品相关,可培养	与岗位要求差别较大
行业背景	同一行业连续性背景2年以上	2年同行业背景	1年同行业背景	无相关行业背景
产品/项目背景	具有与竞争对手产品及项目有关的经验	产品经验相关度60%	有少量相关产品经验	无相关产品经验

续表

评估项目	加分标准	通过标准	待定标准	排除标准
工作连续性、稳定性	工作经历完整，无空档期，工作稳定性高，能在一家公司工作3年以上，基本不怎么跳槽	工作经历完整，无空档期，能在一家公司工作2年以上	有空档期，但是解释合理，稳定性还可以	频繁跳槽，单位平均司龄小于1年
教育背景	全日制本科及以上	全日制大专院校及非全日制本科	中专、高中院校	初中及以下
专业	完全符合职位要求	从属大类符合要求	不符合要求，但综合素质优异	完全不相关专业
技能描述	80%以上符合职位要求	60%符合职位要求	与职位要求略有相关	与职位要求不相关

（1）符合加分标准，说明这份简历是一份非常优秀的简历，这个首选人是值得重点关注和邀约的。

（2）符合通过标准，说明这份简历是一份合格的简历，符合岗位的各方面的要求，也可以被邀约过来面试。

（3）符合待定标准，说明这份简历体现出来的内容存在很多的瑕疵，在候选人充足的情况下，一般不考虑这样的简历，如果候选人不足，那可以约过来面试一下。

（4）符合排除标准，说明这份简历完全不符合岗位要求，可以把这份简历放进排除库。

二、通过简历获得有效信息

通过简历，企业或HR第一次接触到应聘者，而筛选简历也是对应聘者的第一次"过滤"。HR想从简历中获得有效信息，要能辨别简历中的虚假信息，并在接下来的面试中对重点内容进行确认。想要让面试更有针对性，主要依赖于对应聘者简历的解读。

一般来说，应聘者简历主要分成图3-1所示的几个部分。

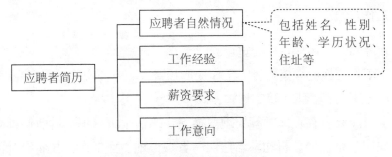

图 3-1 应聘者简历的组成

在简历分析中应注意以下方面。

1. 年龄

和应聘的岗位所要求的经验相比,年龄是一个重要的参照。可以把应聘者的年龄与其工作经验进行比较,就可以看出应聘者所列出的经验的真伪。一般来说,应聘者不会虚报年龄,而会在经验上造假。

如果应聘者年龄较大,那就需要在更换工作的原因上进行分析,还要考虑年龄较大的应聘者是否还可能踏实地从基层做起。

2. 学历

"真的假文凭"和"假的真文凭"是学历上的大问题,同时一些海外学历也日益增加,因此 HR 有必要通过各种渠道查询学历的真伪。

有的应聘者还有第一学历和后学历之分,对于后学历,要看应聘者是何时开始、何时获得的,这可以看出应聘者的学习能力和接受挑战的心态。

和学历相关的是专业,一般职位说明书中都对专业做了规定。如果应聘者具有多个学历,那么对其不同学习阶段专业的分析可以得出其在知识的系统性和广度方面的基本判断,还可以从不同专业的相关性中获得其个人规划的能力。

3. 住址

如果应聘者是跨城市应聘的,尤其是针对一些年龄较大的应聘者,要考察他们的动机是什么,因为他们将面临非常现实的一些问题,比如生活成本增加、生活环境变化等问题,这些都将影响其进入企业后的工作状态。

4.工作经验

工作经验是简历分析中的重点。

（1）工作变换的频繁程度。工作变换频繁，一方面说明应聘者经历丰富，但也可能说明应聘者工作稳定性较差。

（2）当应聘者存在非常频繁地变换工作的情况下，那么对他们每次更换工作的原因也是需要分析的。当然应聘者频繁地变换工作也并非绝对存在问题，关键是其为什么变换工作。

（3）频繁变换工作的应聘者如果每项工作相关性不大，而且工作时间不长，那么就需要高度注意了。

（4）工作是否有间断，间断期间在做什么。

（5）目前是否在工作，这关系到应聘者劳动关系的问题，也关系到应聘者何时能到职，当然为什么离职也是很重要的。

（6）要对应聘者整个工作经历进行把握，了解应聘者是否比较深入系统地从事过某一项工作。

（7）要对应聘者每个阶段所负责的主要内容和业绩进行审查。

（8）应聘者的经验与岗位要求是否匹配，如果已经达到一个相对较高的职位，而来应聘个较低的职位，动机是什么？

小提示

读透应聘简历，最主要的原则就是对各项内容进行交叉分析，这样就能获得应聘者更完整和更全面的信息，发现其中的亮点和疑点。对于亮点和疑点，都不是最终判断，还必须通过进一步的甄选进行确认。

三、结合招聘职位查看客观内容

收到应聘简历后，HR首先会结合招聘职位查看客观内容，主要包括图3-2所示的四个方面。

1.个人信息的筛选

（1）在筛选对硬性指标（如年龄、工作经验、学历等）要求较严格的职位时，如其中一项不符合职位要求，则要快速剔除掉。

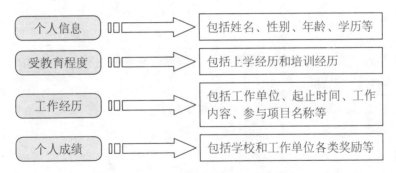

图 3-2　结合招聘职位查看的客观内容

（2）在筛选对硬性指标要求不严格的职位时，结合招聘职位要求，也可以参照表3-2所示的"人在不同的年龄阶段的不同特定需求"进行筛选。

表3-2　人在不同的年龄阶段的不同特定需求

序号	年龄阶段	特定需求
1	25岁及以下	寻求一份好工作
2	26～30岁	个人定位与发展
3	31～35岁	高收入工作（工资、福利、隐性收入）
4	36～40岁	寻求独立发展的机会、创业
5	41岁及以上	一份稳定的工作

2.受教育程度的筛选

（1）在查看求职者上学经历中，要特别注意求职者是否用了一些含糊的表述，比如有无注明大学教育的起止时间和类别等。

（2）在查看求职者培训经历时要重点关注专业培训、各种考证培训情况，主要查看专业（工作专业）与培训的内容是否对口，可作为参考，不作为简历筛选的主要标准。

> **小提示**
>
> 对于技术性较强的职位，是否科班出身、是否具备必要的专业资质和法定的资格证书极为重要。

3. 工作经历的筛选

求职者工作经历是查看的重点，也是评价求职者基本能力的着眼点，应从以下内容做出分析与筛选。

（1）工作时间。此部分主要包括以下内容。

①查看求职者总工作时间的长短、跳槽或转岗频率、每项工作的具体时间长短、工作时间衔接等。如果在总的工作时间内求职者跳槽或转岗频繁，则其每项工作的具体时间就不太会长，这时应根据职位要求分析其任职的稳定性。如可判定其不适合职位要求，直接剔除。

②查看求职者工作时间的衔接性，作为筛选参考。如求职者在工作时间衔接上有较长空当时，应做好记录，并在安排面试时提醒面试考官多关注求职者空当时间的情况。

（2）工作职位。这不仅仅要看应聘者做了哪些事，还要特别关注他在其中担任的角色是什么，承担的责任有哪些。"主持"项目和"参与"项目的责任不同，获得经验也不同。

对应聘者既往工作的角色和职责的判断有两个关键词，如图3-3所示。

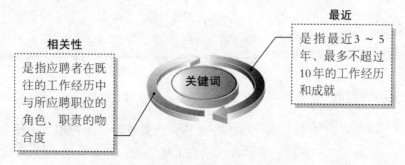

图3-3 判断角色和职责的两个关键词

（3）工作背景。关注应聘者既往公司的规模、性质、知名度、行业排名，有助于判断该应聘者的工作经验、专业能力和文化适应性等。

比如：一个在外企工作多年的应聘者转到民营企业，可能存在"水土不服"问题；在日企工作多年的应聘者工作风格多偏于严格、服从、执行；从民企出来的应聘者抗压能力和实操能力一般明显强于其他，但可能缺乏高度和深度；在外企工作多年的候选人专业度、职业精神有可能更出色。

（4）工作内容。此部分主要包括以下内容。

①查看求职者所学专业与工作的对口程度，如专业不对口，则须查看其在职时间的长短。

②结合上述工作时间部分的内容，查看求职者工作在专业上的深度和广度。如求职者短期内工作内容涉及较深，则要考虑简历虚假成分的存在。在安排面试时应提醒面试考官作为重点来考察，特别是对其经历细节方面的了解。

（5）工作成就。这主要考察应聘者既往的工作经验和成就是否与所应聘的职位有重叠，是否是企业需要的。重叠较多时，意味着这位应聘者能够迅速进入角色，得心应手地投入工作，较快地满足职位描述的要求。

> **小提示**
>
> 结合以上内容，分析求职者所述工作经历是否属实、有无虚假信息，分析求职者年龄与工作经历是否匹配。如可断定不符合实际情况的，直接剔除。

4.个人成绩的筛选

个人成绩方面主要查看求职者所述个人成绩是否适度，是否与职位要求相符，可作为参考，不作为简历筛选的主要标准。

相关链接

从简历判断应聘者是否具有实操经验的方法

1.看细节

如果细节叙述比较多，说明应聘者实战过的可能性较大。如果只是泛泛而谈则不然。

2.看用词

使用的是专业词汇，特别是业内的俗称而非学术用词，说明应聘者真的熟悉。

3.看难点

在简历中能够写出项目实施难点或问题的是有实操经验的应聘者，

因为成果是公开的,而问题和难点只有真正参与的人才知晓。

4.看方法

简历中介绍的实现成果的方法独特,参与实操的可能性大。反之,可能来自于书本。

四、查看主观描述

主观描述主要包括求职者对自己的评价性与描述性内容,如自我评价、个人描述等。

HR主要查看求职者自我评价或描述是否适度,是否属实,并找出这些描述与工作经历描述中相矛盾或不符、不相称的地方。如可判定求职者所述主观内容不属实且有较多不符之处,这时可直接剔除。

五、初判简历的适合度

(1)判断求职者的专业资格和工作经历是否符合职位要求。如不符要求,直接剔除。

(2)分析求职者应聘职位与发展方向是否明确和一致,可作为参考。

(3)初步判定求职者与应聘职位的适合度。如可判定求职者与应聘职位不合适时,将此简历直接剔除。

六、全面审查简历的逻辑性

这一步主要是审查求职者工作经历和个人成绩方面,要特别注意描述是否条理、是否符合逻辑、是否具有工作时间的连贯性、是否反映一个人的水平、是否有矛盾的地方,并找出相关问题。

比如,一份简历在描述自己的工作经历时,列举了一些名企和一些高级职位,而他所应聘的却是一个普通职位,这就需引起注意。

HR如能断定简历中存在虚假成分可以直接将此简历剔除;如可判定求职者简历完全不符合逻辑性的,也可直接剔除。

 相关链接

虚假简历的表现形式

1. 时间矛盾

简历上前后时间衔接不正确，在同一时间内在两家企业工作，或者一边在读书一边在做全职工作。

为了满足"在本岗位工作满几年"的招聘要求，应聘者有意拉长与应聘岗位相关的工作年限，而忘了调整其他时间。

这样造假的手法最低劣，也是最易识别的。

2. 低龄高就

为了显示自己的才能而夸大其词。

3. 全能人才

通用型简历，无论你招聘的岗位是什么，他都具备该岗位需要的所有能力，在个人能力说明里面写着：会运营，懂推广，PS、AI操作熟练，开发也懂，文案也写得来，还懂组织管理，新媒体、传统媒体等都有相关工作经验。

4. 刻意夸大

明明就是三五十人的小公司，却要描述成成千上万人的大企业，以抬高自己工作职位的重要性和含金量。

七、简历的匹配

简历的匹配是整个简历筛选的核心。简历筛选的全过程目的只有一个：发现和所招聘职位要求相匹配的合格简历，进入下一阶段——面试。因此，简历如何匹配显得尤为重要。

1. 直接匹配法

直接匹配法又称简单匹配法，是最常用，也是最简单的一种简历匹配方法。它对职位需求中的关键要素与应聘者工作经历和经验进行简单对比和匹配，能够完全对应匹配的，被认为是"合适"的应聘者。

直接匹配法的一个核心是确定所招聘职位的关键要素。关键要素的确定取决于该职位的岗位需求和公司对应聘者在该职位实现功能和成就的期望。不同的企业、不同的职位的关键要素并不完全相同。即使同一企业，对不同的职位的关键要素也不相同。关键要素通常包括图3-4所示的内容。

图 3-4　直接匹配法的关键要素

2. 模糊匹配法

在招聘实践中，通常能够直接匹配的简历并不多见，更多遇到的是应聘者的经历中有些关键要素符合职位描述的部分要求。

模糊匹配法是通过分析关键要素的匹配量、匹配程度，以及应聘者具备的可转移技能，进行相关性的模糊匹配。绝大部分关键要素匹配，而且匹配度较高，一些次要要素不匹配，或者部分不匹配的关键要素可以通过应聘者的"可转移技能"弥补，则模糊匹配成功。

第二节　组织笔试

笔试，顾名思义是指在招聘中各种通过以纸笔形式对应聘者进行的各种测验。它主要用于对人的基本知识、专业技术、管理技能、推理及综合分析能力、文字表达能力等进行多维度的测验。笔试在测定知识面和思维分析能力方面效度较高，评定比较客观，可以广泛地应用到人才选拔录用程序的初步筛选中。

一、笔试的作用

笔试在企业招聘中的作用主要体现在图3-5所示的几个方面。

1. 测量应聘人的基本知识，比如对于管理岗位，就可以采用回答试题的方式来检查应聘人对于基本知识的了解和掌握程度

2. 测量应聘人的专业知识，笔试的内容上可以涉及专业方面的知识，可以通过应聘者的回答看出他们对于专业知识的认识

3. 测量应聘人的管理知识，这一点主要是通过笔试检测应聘人是否具有管理经验和常识

4. 测量应聘人的综合分析能力，尤其是笔试中的论述题，可使应聘人的综合分析能力是强是弱一目了然

5. 测量应聘人的文字表达能力，这一点在笔试中也得到很好的验证，通过应聘人的笔试结果就可以检测出应聘人是否具备强大的文字表达能力

图 3-5　笔试在企业招聘中的作用

二、笔试的类型

笔试主要有图3-6所示的几种类型。

图 3-6　笔试的类型

1. 专业类笔试

专业类的笔试主要就是考核应聘者在担任某一岗位时所需要的专业知识以及胜任该岗位所能用到的各种专业能力。这种笔试的专业性非常强。

比如，公检法等岗位的招聘的笔试往往是考核应聘者的法律知识；机械维修类岗位的笔试往往是考核应聘者的机械维修知识。

2. 文化素质类

文化素质类笔试主要就是为了考核应聘者的文化素质，考核的内容一般都是由招聘单位给出特定的范围和要求，一般都是考核应聘者的文化综合素质、各类知识的积累以及文字的组织表达能力，一般一些文科类的岗位比较侧重这样的比试。

3. 技能类笔试

技能类笔试主要是用人单位来测试应聘者的实际工作能力和岗位的专业操作能力。这样的笔试一般都是针对特定的岗位来进行的。

比如用人单位要招聘一名会计，就会对会计的专业技能进行测试，如某些账目的处理。

4. 论文类笔试

论文类笔试主要是测试应聘者的文字组合、表达能力，分析、比较、归纳、推理、综合的思维能力。题目的类型一般是小论文、论述题、归纳题等这类题目。一般是中高层的管理职位或者是文科职位比较侧重这样的笔试方式。

5. 心理类笔试

心理类笔试是针对一些比较特殊的用人单位招聘职员，主要是为了测试求职者的动机、智力、个性、态度、兴趣等各方面的心理素质。这些岗位一般对于应聘者的心理素质要求都比较高，所以用人单位才对这些应聘者进行心理类笔试。心理类笔试的题目一般都是专业设计好的标准化心理测试问卷。

6. 混合型笔试

混合型笔试，也就是指笔试的内容会掺杂糅合上述5种笔试类型的题目，但是具体的比例占多少、有没有哪些特定的笔试类型题目,这都是由用人单位来决定的。这样的笔试类型一般是比较大型的用人单位才会用到。

 相关链接

校园招聘中常见的笔试题型

1. 综合能力测试

综合能力测试主要考察应聘者各方面的综合素质及能力,涵盖语言能力、数字处理能力、逻辑推理能力、综合分析能力等。一般国内企业通常使用行政能力测试,大型外企则偏爱英语阅读能力SHL(外企笔试常见试题)。

复习要点:建议求职者直接用真题进行练习,只要练习得当,综合能力的笔试成绩是可以在短时间内有较大突破的。

2. 专业知识考核

专业知识考核主要集中在基础理论和与企业业务有关的问题上。这类笔试主要针对研发类和技术类的岗位,主要考核工作中的相关技术性问题,专业性比较强。这类考试的结果和求职者的学习积累密不可分。应对这类考试,需要坚实的专业基础。

复习要点:求职者要注意梳理专业知识,尤其是与用人单位业务相关的专业知识。

3. 英语能力考核

英语笔试是非技术性笔试,检验求职者多年积累的英语水平,包括词汇、阅读理解、写作和翻译等能力等。

复习要点:英语考试并不难,大多都是一些日常化的要点。求职者只要集中复习一段时间,重点强调听说能力,在求职过程中就会受益匪浅。

4. 职业性格测试

很多企业会让求职者进行相应的职业评测,针对他的选项来判断这个人的职业倾向、基本素质,以此评估求职者是否符合公司岗位的需求。

应对策略:一般性格测试无需复习,如果是单纯针对个人兴趣习惯的问题,求职者按照自己的想法真实作答就好。

三、需要组织笔试的情形

用人单位在组织招聘时，哪些情形需要组织笔试呢？如图3-7所示。

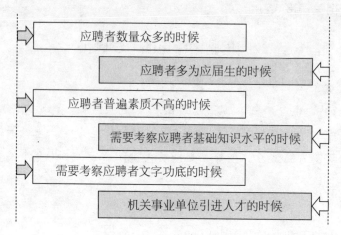

图3-7　需要组织笔试的情形

1.应聘者数量众多的时候

有时候，用人单位设置一些招聘岗位，结果通过报名统计，却发现有数量众多的应聘者符合条件，这个时候就需要通过笔试来进一步淘汰部分应聘者。

这种方法，既简便又实用，能够较好地将相对优秀的人才从数量从众多的应聘者中挑选出来，也为招聘组织方减少了工作量。

2.应聘者多为应届生的时候

如果用人单位的招聘对象是大学应届生或是近一两年内大学毕业的人，可采用笔试。这类应聘人员，刚刚离开校园进入社会，往往都是社会经验、工作经验欠缺，从外在上难分伯仲。区分这类人员，最好的办法就是检验其理论学习水平，通过组织一场笔试，便能轻易将学习好的和学习不好的区分出来，至于工作能力，则可以通过后期的培养。

3.应聘者普遍素质不高的时候

有些时候，针对一些基础性岗位，用人单位需要招聘一些综合素质要求不高的人员，对于这类人员，本身能够有效考察他们综合素质水平的方法不多。这个时候，通过组织一场笔试，也非常有必要。虽然用人单位要求的是综合素质不高，但不代表素质太过低下的也能录取。组织招聘笔试，是对他们基本素质方面的一个筛选。

4.需要考察应聘者基础知识水平的时候

有些岗位，对于应聘者的基础知识、专业功底要求比较高，而考察应聘者基础知识、专业功底最好、最快的方法莫过于一场笔试。精准设计的笔试测验，能够有效地检验应聘者的基础知识和专业功底，从而为用人单位挑选出合适的人才发挥作用。

5.需要考察应聘者文字功底的时候

对一些特殊性的岗位，比如文秘、行政人员、综合人员，对于文字功底有着特殊的要求。毕竟，对于这些岗位而言，文字功底是一项基本的技能要求，也关系着以后能否将本职工作做好。考察应聘者的文字功底，组织一场有针对性的笔试再合适不过。

6.机关事业单位引进人才的时候

一些机关事业单位，在引进人才的时候，由于一些规章制度的要求，对于比如研究生学历以下的人才引进，必须要安排笔试环节，这是组织上的规定和程序上的要求，不能省略。

四、笔试的目标

笔试，简单地说就是试题编制、审定、组卷、解答、评阅的过程。详细地说，整个笔试工作包括：确定笔试的目标、标准、内容、方法和编制笔试的计划；拟定笔试的命题和组成试卷；印制试卷，进行笔试，评卷，使用成绩。试题的编制必须遵循一定的流程，以确保试题的测验内容与笔试目的相符，这也能够降低其他因素对笔试分数的影响，使笔试的结果能够如实反映受测者所具备的知识和能力。

笔试的编制计划会因笔试目的的不同，而有不同的考量，因此在进行测验的规划时，必须清楚测验的目标为何。

比如，校园招聘的笔试一般考查毕业生语言能力、专业能力、综合能力、职业技能。基于这样的考查目标，笔试一般采用：标准化试题、翻译（中译英，英译中）、作文（应用文，场景描述）等题型。

五、笔试的命题标准

试题的编制既是笔试的基本要素，又是笔试全过程的核心环节。衡量考试的质量通常有四个重要的指标，如图3-8所示。

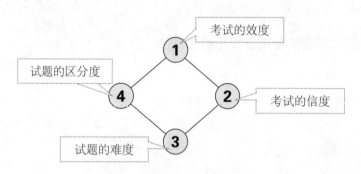

图3-8 衡量笔试质量的指标

1.考试的效度

考试的效度是指通过一次考试能确实地测量到它所欲测量的东西的程度，可用考试的效标关联效度和内容效度来表示。标准化考试要求效标关联效度在0.45以上，考试才算有效。内容效度没有确切的数据指标，它是由测验编制者、使用者运用分析判断得出的。一般认为，内容效度应达到80%左右。

（1）效标关联效度。效标关联效度是指命题应符合招聘考试的标准，即"为用而考"或"因事择人"，也就是说，命题必须真实而正确地反映拟任的工作岗位对基本素质的要求。笔试的题目要注重测试应考者的各项能力，如图3-9所示。

不管是公共科目或是专业科目的试题都要把理论与实际结合起来，以便笔试不仅能测量应考者的理论水平，还能检验他们是否有真才实学，是否能够学以致用。

图 3-9　笔试题目的侧重内容

总之，招聘笔试要以"用"字为中心。应聘者如果通过笔试的筛选，再经过面试后考核合格，最后被录取，应该在不长时间内基本上胜任本职工作。

（2）内容效度。内容效度指它的有效覆盖面。从题量而言，现在比较重要的招聘考试，通常由 50 个或更多的小题组成试卷，要求应考者在 150 分钟或者 180 分钟之内解答完毕。就覆盖面而言，每个小题都应有一定的或足够代表性，以组成整个学科的网络。

命题的内容效度是不能与命题的代表性分开的。如果题量足够，但缺乏代表性，甚至出偏题、怪题，那同样无法测出应考者的真实水准。因此，命题人员应该探讨各门考试科目中的代表性题目，并对这些题目的代表范围进行分析。

> **小提示**
>
> 　　命题人员不仅应该是自己领域的专家，对本专业的考试内容驾驭自如，而且应该精通教育学和考试学的基本原理，不出怪题和废题。如果不同时具有多种学科的知识，命题人员很难编制优质的试题和组成适宜的试卷。

2.考试的信度

考试的信度是指考试结果的可靠性程度，可用等值系数、稳定系数和内在一致性系数（分半系数）来表示。标准化考试的信度系数要求在 0.90 以上，最低不小于 0.80。

命题的信度首先要求命题必经是已成定论的，有所争论的问题统统不准作为试题。

其次，信度要求题目本身及答题的方式、步骤、要求的表述明晰、精确，一目了然；标点符号无误，图表绘制规范；没有多余、歧义和模糊不清的表述。

再次,命题的信度要求评分标准的明确性。不管是客观性试题的标准答案或主观性试题的参考答案,都要准确、全面、简洁、规范。尤其对于后者,应充分估计,因为同一个题目有可能不只具有一个正确答案,对于这样一类问题的答案应尽量使之客观化,以防止评分过程中出现误差。

3.试题的难度

试题的难度即试题的难易程度,可用通过率来表示。各个试题的难度以适中为宜。试题太难或太易都不会有好的区分度,其信度也会降低。

难易适度的具体化还涉及报考者的数量和实际水平。如果报考者不超过拟聘用者的3倍,题目当然也要有一定难度,但应适度;如果超过5倍,题目的难度则应相应提高,如此才能选贤任能。

> **小提示**
>
> 命题时也不能不顾应考者的实际水平,任意提高题目的数量和难度,以免把大量应考者搞得垂头丧气。

4.试题的区分度

试题的区分度是指试题对不同应试者鉴别其能力的程度。用人单位在命题时,需要注意图3-10所示的事项。

命题本身必须具有相对独立性,即根据题目的表述,就可以审明题意而作答

题目必须各自独立。不同的题目之间不应有重复,题目的排列一般以填空题或判断题开头,接着是选择题,其后是改错题、简答题或案例分析题,最后是论述题

图3-10 命题的注意事项

下面提供一份××公司出纳岗位笔试试题的范本,仅供参考。

实战范本

××公司出纳岗位笔试试题

（限时60分钟）

姓名：   得分：

一、不定项选择题（30分）

1.按现行会计制度的规定，下列各项中不符合规定的行为有（ ）。

A.用银行账户替他人收支贷款或现金

B.将现金用个人名义存入银行

C.发票不加以审核即办理入账

D.未经审批即支付已到期的应付账款

2.对票据的审核下列说法正确的是（ ）。

A.对于内容不够完整、填写错误的应退回有关经办人员更正或重开

B.对于不真实不合法的票据不予接受

C.对真实合法但领导未签字的票据可以报销

D.对领导已签字的票据不加以审核就予以支付或报销

3.账簿记录错误时可采用的更正方法有（ ）。

A.涂改   B.划线更正

C.红字更正   D.补充登记法

4.与票据贴现计算相关的主要因素有（ ）。

A.票据面值   B.票面利率

C.票据期限   D.贴现利率

5.企业收到支票并填制进账单到银行办妥手续后应借记（ ）科目。

A.应收票据   B.银行存款

C.现金   D.其他货币资金

6.支票的提示付款期为（ ）天。

A.5   B.8

C.10   D.15

7.银行审核支票付款的依据是支票出票人的（　　）。

　　A.电话号码　　　　　　　　B.身份证

　　C.支票存根　　　　　　　　D.预留银行签章

8.在填写票据的出票日期时，下列各项中将"2月12日"填写正确的是（　　）。

　　A.贰月拾贰日　　　　　　　B.贰月壹拾贰日

　　C.零贰月拾贰日　　　　　　D.零贰月壹拾贰日

9.签发的支票必须记载的事项有（　　）。

　　A.出票日期　　　　　　　　B.确定的金额

　　C.付款人名称　　　　　　　D.出票人签章

10.下列事项中，引起现金流量净额变动的项目是（　　）。

　　A.取现　　　　　　　　　　B.用现金及现金等价物清偿债务

　　C.用存货抵偿债务　　　　　D.存现

二、问答题［共30分，（1）题20分，（2）题10分］

销售部普通员工拿着一份报销凭证，购买会展用的赠品480元，到你处报销，作为出纳你应该：

（1）审核哪些方面？

（2）如果完全符合要求可以报销，请写出会计分录？

三、综合题（40分）

请按以下资料编制银行存款余额调节表：

2019年10月30日，银行对账单余额为269000元，银行存款日记账余额为171045元，甲公司与银行对账单往来资料如下。

（1）10月30日，收到购货方转账支票一张，金额为36800元，送存银行，银行尚未入账。

（2）10月30日，甲公司当月的水电费1325元，银行代为支付，但公司尚未收到银行通知，尚未入账。

（3）10月30日，甲公司开出支票尚有48320元未兑现。

（4）10月30日，甲公司送存支票12240元，因对方存款不足，被银行退票，公司未接到通知。

（5）10月30日，甲公司委托银行代收款项100000元，银行未入账，公司尚未接到银行通知。

六、笔试的评判标准

通常笔试要求考生在一定时间限制内完成试题，结果优劣以最终成绩为准。但在实践中，笔试的评判标准应是速度和正确率两方面的综合，而不仅仅是单纯的考分高低。

笔试对速度的要求很高，但笔试考查的不仅仅是速度，速度不是唯一的标准，正确率更重要。应考者总共回答了多少题，而其中答对了多少题才是关键。

比如，答60题对50题的考生要比答65道对50道的考生更具有优势。所以，笔试的评判标准是速度加上正确率。

第三节 进行面试

面试是测查和评价人员能力素质的一种考试活动。面试给企业和求职者提供了双向交流的机会，能使企业和求职者之间相互了解，从而可更准确做出聘用与否、受聘与否的决定。

一、面试前的准备

面试是面试官评估求职者是否符合岗位要求的至关重要的甄选方法，决定着组织能否成功吸引并甄选到合适人员。不过，部分面试官缺少进行面试前的准备工作，未能进行有效的面试前准备，导致面试评估欠缺针对性和可靠性，无法有效招聘到合适的人选。

因此，作为面试官，应有计划地进行面试前的准备工作，以有效开展面试活动，提升面试的针对性和有效性，增加甄选的准确度。

1.确定面试的目的

通常而言，进行面试，主要目的如图3-11所示。

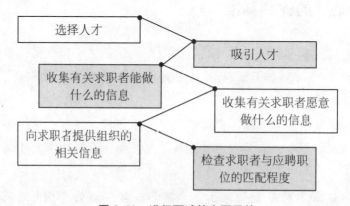

图3-11 进行面试的主要目的

> **小提示**
>
> 明确的面试目的可有效帮助面试官有针对性地开展面试，而不会漫无目的地提出与面试无关的问题，从而达到提升面试效率的目的。

2.明确对空缺职位的绩效预期

作为面试官，你对空缺职位的绩效期望是什么？你希望求职者在未来的工作中有怎么样的表现？为达成这样的表现，求职者会在未来的工作中遇到怎么样的障碍和挑战？要克服这些障碍和挑战，他必须要具备何种能力和才能呢？通过这一系列的追问，我们会对要招聘的这个职位了解得更多，对求职者的技能要求也会有更深入的认识和了解，才能更好地设计面试问题，更有效率、更具针对性地组织将到来的面试。

一般而言，影响一个岗位的预期绩效，主要有图3-12所示的三个因素。

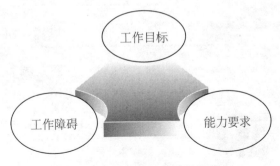

图 3-12　影响岗位预期绩效的因素

工作目标应符合SMART原则，即具体、可衡量、可达成、结果导向、有时间限制。明确的工作目标可帮助面试官更好地界定空缺岗位所需的知识和技能。

在明确工作目标之后，可通过对空缺职位现有员工的工作表现进行判断，分析那些能达到工作目标和不能达到工作目标的员工，寻找其与工作表现有关的、导致未能达成工作目标的主要因素，即可分析出此岗位的工作障碍。

在克服工作障碍的每一种情形中，都有一套的明确应该采取的行动或行为，这些就反映了对达成绩效的能力要求。在描写能力要求时，应注意以下问题：

（1）尽量使用动词，如解决、提出、创造等；

（2）可以询问处理每一个工作障碍需要什么样的行为；

（3）避免使用模糊不清或主观性强的动词。

3.提前阅读简历

许多面试官习惯在面试前几分钟才对应聘者的简历进行浏览，然后就开展面试。这样，由于对应聘者的背景资料了解不足，难免影响面试评估中的有效性和公正性。

为保证面试的有效进行，面试官应提前阅读应聘者的简历，以更充分地了解求职者的信息，主要关注图3-13所示的内容。

另外，面试官在阅读简历时，应对简历中的疑点进行相应的标识，以在面试中进行进一步查询。这些应作出标识的地方包括以下方面。

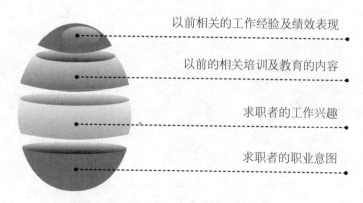

图 3-13　面试官阅读应聘者简历应关注的内容

（1）应聘者工作衔接出现空当的原因。对于应聘者在两份工作之间的空档时间，面试官应加以留意，尤其是时间超过三个月的工作空档，应做出明显标识，并在面试中加以提问，以了解其真正的原因，是由于应聘者本人的能力不足迟迟找不到合适的工作，还是其他客观的原因影响应聘者找不到新的工作。

（2）频繁转换工作的原因。对于那些在一年里换了三次以上工作的应聘者，面试官应特别警惕，要在面试时特别留意，了解应聘者频繁换工作的真实意图，并做出判断，应聘者能否适应本公司的环境，而不会匆匆跳槽。

（3）最近的培训进修情况。面试官可通过阅读应聘者的培训进修记录，了解应聘者的培训进修情况，从而判断应聘者是否积极好学，能否以积极进取的心态学习本专业的知识和技能。对于毕业五年却从未有过任何培训进修记录的应聘者，面试官应在面试过程中特别留意。

（4）离开上一家公司的真正原因。应聘者为什么不再在原公司任职？是什么原因促使他离开原公司？这些离职的因素，是否在本公司中亦存在？面试官应通过对应聘者的离职原因进行深层次的解读，才能较好地判断该应聘者是否真心实意想留在本公司。

（5）在上一家公司的工作绩效。应聘者在上一家公司取得何样的工作成绩？当时的情况如何？条件如何？主要面临的问题如何？应聘者使用了哪些资源？他的措施包括哪些？这些措施是否有效？本公司能否提供相近的条件，以供他创造这些的绩效？通过这样的问题设计，可更深入地了解应聘者分析问题与解决问题的能力。

（6）内容前后矛盾或不合常理的地方。这主要包括应聘者工作经历时间上的前后矛盾，或其他不一致、不合逻辑的地方，如应聘者仅毕业半年，即可担当重要的管理工作岗位等。对此，面试官应加以留意，并在面试中进行深入盘查。

4.确定面试方法

面试官应根据应聘者的应聘岗位的不同，进而选择和开发恰当而有效的面试方法。

5.列出面试提纲

在列写面试提纲时，面试官应考虑以下方面：
（1）面试提问的问题宜由浅及深；
（2）面试提问的问题宜覆盖到本岗位的核心胜任力；
（3）设计的面试提问的问题应符合STAR原则，即：S，当时的环境（situation）；T，任务（task）；A，行动（action）；R，最终的结果（result）。

二、设计面试问题

面试是个技术活，应该根据不同对象、不同目的设计不同的面试问题，这样才能提升应聘者面试体验，真正考察应聘者与岗位的匹配度。常见的面试题型有表3-3所示的10种，每种题型都有其独特的特点和作用。

表3-3 常见的面试题型

序号	题型	目的	举例说明
1	导入性问题	降低应聘者的紧张情绪，创造融洽的交流环境	您到这里需要多长时间 您住在哪里 我们这里还好找吧
2	行为性问题	了解应聘者过去某种特定情境下的行为表现	您是如何成功带领团队高效工作的 您是如何消除与同事间误会的
3	智能性问题	考察应聘者的逻辑性与综合分析能力	您如何看待办公室政治的问题 请问您对某某事（热门事件）有什么看法

续表

序号	题型	目的	举例说明
4	意愿性问题	考察应聘者的动机与岗位的匹配程度	某公司招聘市场人员，应聘者分为两类，一类选择高底薪，另外一类选择低底薪，您会选择哪一种呢 您喜欢跟强势的领导工作，还是喜欢跟民主的领导工作，为什么
5	情境性问题	可根据具体岗位组合测试要素	如果请您来组织面试您会如何组织 某日，总经理出差，您忽然接到税务局的通知，税务局要来进行税务稽查，此时您又联系不到总经理，您将如何处理这件事
6	应变性问题	考察情绪稳定性与应变能力	领导开会时发言明显出错，您如何制止他 您的领导交给您一件根本无法完成的工作，请问您会如何处理这种情况
7	投射性问题	降低题目的表面效度，尽可能地掩饰面试的真正目的，使用表面效度低的问题，让应聘者难以直接判断考官真正要了解的内容	如果让你在工程师与公务员两个工作中进行选择，你会选择哪个，为什么 你如何评价原来的领导，他让你感觉很舒服的特点是什么，有哪些是你难以接受的
8	细节操作性问题	应聘者的动作操作能力	应聘者求职意向为车间主任，可问：开班有哪些注意事项，收班有哪些注意事项，你如何处理剩余原料问题，员工不愿意打扫卫生你怎么办
9	核实性问题	核实简历中的信息是否真实	如果应聘者在自己的爱好一栏里写爱好读书、足球，可问：你最近三个月内看过几本书，从这几本书里你学到了什么，欧洲杯最新战况如何
10	操作性问题	动手操作能力的测试	招一名电器工程师或者质量管理员，可以带着到现场进行实际的操作，以验证其技能的适合性

下面提供一份行为面试题目及评价标准的范本，仅供参考。

行为面试题目及评价标准

1.抗压能力

请列举一件发生过的事情,以此说明你遇到较大的挫折或者困难后,通过克服困难,最终取得成功。要求回答:你自己做了哪些工作?事情过程如何?结果如何?你有何感受?

评价标准参考下表。

分值	评价标准
8~10分	能够承担大负荷、多头绪的岗位职责或任务,在工作中有条不紊,并能按照轻重缓急处理各项事务,即使一些问题打乱了计划,也能够把工作处理好;在高压力下也能够有效地进行工作,从而可以解决那些可能对组织产生重大影响的问题,能够较好地完成各项任务
4~7分	能够承担大负荷、多头绪的职责或任务,在工作中偶尔会出现手忙脚乱,思路混乱的现象,或者脾气变大、工作态度或服务态度不好的情况,但最终还是能稳定情绪,理清思路,解决组织面临的问题,完成任务
1~3分	当工作任务加重、工作头绪增多时,或者工作时间比较紧张时,就手忙脚乱,思路出现混乱,或者脾气变大、工作态度或服务态度不好,或者身体出现不适、严重影响睡眠等不良反应

2.情绪稳定性

请描述一件发生过的事情,以此说明你与他人发生冲突时,你是如何稳定情绪,解决冲突的。要求回答:你自己做了哪些工作?事情过程如何?结果如何?你有何感受?

评价标准参考下表。

分值	评价标准
8～10分	在描述的事例中态度、情绪前后稳定，能够进行自我调控；能够比大多数人更沉着、冷静地应付讨论中的困难与挑战，不会变得具有攻击性或是急躁
4～7分	在事例中态度、情绪基本稳定；基本沉着、冷静，有时显得说话急躁
1～3分	在描述的事例中态度、情绪前后动荡起伏，自我调控差；比大多数人更慌乱地应付讨论中的困难与挑战，经常变得具有攻击性或急躁

3.认真细致

请描述你通过做好某些细节从而使工作获得成功的一次经历。要求回答：你自己做了哪些工作？事情过程如何？结果如何？你有何感受？

评价标准参考下表。

分值	评价标准
8～10分	对自己和他人工作中所需要的准确程度和完整程度有较高的认知，会仔细核实信息，并且会对工作进行双重检查，从而找出错误；可能会花适当的时间对自己的工作进行检查，从而找出明显的混乱之处或者疏忽之处；也会为寻找错误而对文件进行检查或校对，并且确保自己负责的任务能够有效率、有效地完成
4～7分	对自己和他人工作中所需要的准确程度和完整程度有一定的认知，会抽查工作，发现其中错误；偶尔可能会花时间对自己的工作进行检查，但是未必能及时发现明显的混乱之处或疏忽之处；也可能工作完成后不对工作进行检查，但最终工作能有效地完成，并没有过多差错
1～3分	在工作时经常不注意最初的目标，往往会导致信息存在缺陷，出现冲突或错漏，并且还会直接遭到其他人的质疑；这样做不能达到目标时，往往会采取将就勉强的心态或工作标准；也可能会错过对工作进行检查的良机，因而无法找到工作中存在的错误和误差；往往只提供信息，而不考虑其他人的反应

4.信息收集能力

请描述一个例子，以此说明你曾经通过各种方法搜集各类型信息，从而成功地完成某个任务。要求回答：你自己做了哪些工作？事情过程如何？结果如何？你有何感受？

评价标准参考下表。

分值	评价标准
8~10分	具有明确的目标意识和信息需求意识，在信息采集方面舍得花费精力和经费；能够在不同的场合发现信息，通过不同的渠道采集信息，使用不同的方法收集信息，并能够在信息海洋中选取对自己工作有价值的信息
4~7分	具有目标意识和信息需求意识，在信息采集方面肯花费精力和经费；知道一些相关信息的搜集渠道，会使用两种或两种以上的方法搜集信息；对所获得的信息有一定的甄别能力，能够简单地对信息进行汇总、分类、归纳
1~3分	通常目标不具体、不明确，难以发现有价值的信息；缺乏采集信息的意识，不愿意在信息采集上花费精力和经费；对信息的来源与渠道不清楚，采集信息的方法不科学或采集信息的方法单一

5.学习能力

请描述你通过学习某项知识或技能从而使工作获得成功的过往经历。要求回答：你学习了哪些知识或技能？学习过程如何？学习结果如何？你有何感受？

评价标准参考下表。

分值	评价标准
8~10分	自学能力和获取知识的欲望强，目标明确，计划周详，有自己独特的学习方法，能按照计划时间学习，坚持不懈；能迅速获取新知识、新技能、新观念，并且消化吸收，能够运用到工作和实践中；过往有优秀的学业成绩或比赛成绩作为证明
4~7分	有一定的自学能力和获取知识的欲望，有一定的目标，但缺少可行的计划，能够主动学习但缺少对学习方法的总结；能够接受新知识、新技能的核心观念，但需要较长时间转化运用到工作和实践中；过往有一般或较好的学业成绩或比赛成绩
1~3分	缺乏自学能力，没有获取知识的欲望和动力；即使学习，也是短暂的，不能持久和坚持；知识、技能、观念陈旧老化，在科学文化知识和思想观念方面不能与时俱进；过往的学业成绩或比赛成绩较差

三、实施面试

面试官应将前期工作准备到位,然后和应聘者约好时间,等待应聘者来面试。面试时,应聘者的教育经历、工作经历、短期类的规划、自我评价都是必须要了解的。

一般常用的面试方法有图3-14所示的两种。

图3-14 常用的面试方法

1.结构化面试法

结构化面试法是相对非结构化面试而言,是指企业在基于对岗位胜任力分析的基础上设定标准固定的面试套路,包括固定的问题和评分标准等。任何人来面试时,所有面试官都用这套标准去检测,这就是结构化面试。结构化面试的重点和难点是对岗位任职资格及所需胜任力的准确理解和把握,以及考察这些能力的问题设计,这需要一定的经验积累和对岗位的深刻理解和总结。

> **小提示**
>
> 不同的测试者使用相同的评价尺度,对应聘同一岗位的不同被试者使用相同的题目、提问方式、计分和评价标准,以保证评价的公平合理性。

常见的结构化面试可分为情景面试和行为描述面试。

(1)情景面试。情景面试是采用情景模拟技术,通过给定某种工作情境,要求应聘者迅速做出反应;从求职者对假设情境的设想、联想、假设和分析,来捕捉其某些能力或其他个性特征。情景面试的依据是目标设置理论,认为意图和设想是对未来行为的有效预测指标。

根据设定的工作情境的不同，我们常见的情景面试大致有表3-4所示的几种。

表3-4 情景面试的种类

序号	面试种类	具体说明
1	无领导小组讨论	无领导小组讨论是指运用松散型群体讨论方式，快速诱发人的特定行为，并通过对这些行为的定性描述、定量分析以及人际比较来判断被评价者特征的人才测评方法。通常是指定几名被试者为一组，就某一个给定问题进行讨论。讨论的主题往往呈中性，没有绝对的对错，易于被试者展开讨论，有自由发挥的余地，可充分展示其才华和素质能力。评价者则在一旁对被试者的行为表现进行观察评价。 整个讨论过程可以检测被试者的口头表达能力、组织协调能力、情绪稳定性、处理人际关系的技巧等，是一个不可多得的对应试者的能力素质进行立体观察的窗口。 最后，还可根据情况要求被试者写一份讨论记录，以分析其表达能力、归纳能力和综合分析决策能力等
2	公文处理	公文处理的典型表现形式是文件筐测验，也称公文框测验，它根据被试者在规定的时间内对一系列的公文材料的处理情况来考察被试者的计划、组织、预测、决策和沟通能力。它是对实际工作中管理人员掌握和分析资料、处理各种信息，以及做出决策的工作活动的一种抽象和集中。 文件筐测验是一种在静态环境下，对被试者多方面的素质能力进行的测评。它具有高仿真性，尤其适合于测试被试者的敏感性、工作主动性、独立性、组织与规划能力、合作精神、控制能力、分析能力、判断能力和决策能力等。由于文件筐测验的试题设计、实施、评分都需要较长的研究与筛选，必须投入相当大的人力、物力和财力才能保证较高的表面效度，因此花费的精力和费用都比较高，往往多用于中高层管理人员的选拔
3	角色扮演	角色扮演是设计一种接近"真实"的工作情境，给被试者一个指定的管理角色，要求测评对象进入角色情境中去处理各种问题和矛盾，从而评价其沟通能力和人际技能。角色扮演中给定的角色往往处于一系列人际矛盾和冲突当中，被试者能够真实地体验不同角色的心理感受。在这种特定角色和心理活动的条件下，能够较为真实地"激发"被试者的最直观的行为，从而对其人际沟通技能进行评定
4	即兴演讲	即兴演讲往往是给定被试者一个主题，让其稍做准备，进行即席发言。它主要测评的是被试者的语言表达能力，同时还能够对其思维的敏捷性、明晰性和准确性以及临场的应变能力进行考察。一般来说，往往会根据职位的性质和要求来确定面试中是否有即兴演讲部分存在的必要

（2）行为描述面试。行为描述面试（behavior description，BD）采用的面试问题都是基于关键胜任特征(或称胜任力，以下同)的行为性问题。

一般来说，面试官通过行为描述面试要了解两方面的信息。一是应聘者过去的工作经历，判断他选择在本企业发展的原因，预测他未来在本组织中发展所采取的行为模式；二是了解他对特定行为所采取的行为模式，并将其行为模式与空缺岗位所期望的行为模式进行比较分析。

在进行行为描述面试时，面试考官应把握住四个关键的要素，如表3-5所示。

表3-5 四个关键的要素

序号	要素	说明
1	情境（situation）	即应聘者经历过的特定工作情境或任务
2	目标（target）	即应聘者在这情境当中所要达到的目标
3	行动（action）	即应聘者为达到该目标所采取的行动
4	结果（result）	即该行动的结果，包括积极的和消极的结果，生产性的和非生产性的结果

行为描述面试可以从以下几个方面来进行。

① 收集应聘者过去行为的事例，判断其答复。要了解应聘者是否能真的像他们所描述的那样去做，最好的方法就是收集其过去行为的一些事例。应聘者曾经做过的一些事例要比他们告诉你"经常做、总是做、能够做、将会做、可能做或应该做"更为重要。通常应聘者给出的非行为性(理论性)的回答频率偏高，他们给出的观点，往往并不一定是他们真正曾经做过的事例。面试官应综合应聘者实际描述的和曾经做过的事例来做出正确的判断。

② 提出行为性的问题。通常，行为性问题的提出带有这样的语气，如："请谈谈你在……时遇到的情况，你是怎样处理的""你是否遇到过……的情形？请谈谈其中一例"。

以下我们用表格的形式来区分在面试实际过程中行为性提问、理论性提问、引导性提问的不同之处，如表3-6所示。

表3-6 行为性提问、理论性提问、引导性提问的不同之处

能力	行为性提问举例	理论性提问举例	引导性提问举例
解决问题能力	请讲一个你最近在工作中遇到的问题(质量问题、设备问题、工艺问题),描述你是怎样解决的	你怎样解决生产过程中出现的问题	你能解决生产过程出现的问题吗
适应能力	请讲一个你必须按照不断变化的要求进行调整的事例。当时的情况怎样,结果又怎样	如果你必须按照不断变化的要求调整计划,你会感觉怎样	如果在短短的时间内换了多个工作岗位,你会介意吗
销售能力	请描述在过去一年中你做的最大一笔订单的情况,你是怎样完成的	为什么你认为你可以做销售这一行	你能接受我们给你定出的销售目标的挑战吗
团队协调能力	作为一名主管,请描述一个你如何处理棘手的员工事例	你如何对付难以管理的职员	你擅长解决矛盾或冲突吗

③ 利用标准化的评定尺度。在采用行为描述面试法时,各个面试官可能会用不同的行为标准对求职者进行评定,为了保证评定结果的信度和效度,进行面试前必须制定一个标准的评定尺度。

表3-7以适应能力评定等级标准为例加以说明,在此用5分制的打分方法。

表3-7 适应能力评定等级标准举例

分值	评定标准
1	对工作变动几乎无适应能力,工作表现差
2	不喜欢工作变动,工作表现不差
3	尽量适应工作变动,工作表现进步
4	可以接受工作变动,及时补充新知识,工作表现积极主动
5	非常喜欢挑战性工作;能迅速适应新环境,能举例说明自己过去成功适应工作的历史

2.非结构化面试

非结构化面试就是没有既定的模式、框架和程序,主考官可以"随意"向应聘者提出问题,而对应聘者来说没有固定答题标准的面试形式。主考官提问的内容和顺序都取决于其本身的兴趣和现场应聘者的回答。这种人才测评方法给谈话双方充分的自由,主考官可以针对应聘者的特点进行有区别的提问。

这种面试人才测评方法简单易行,不拘泥于场合、时间、内容,简单灵活,应聘者防御心理比较弱,了解的内容比较直接,可以有重点地收取更多的信息,反馈迅速。但非结构化面试本身也存在一定的局限,它易受主考官主观因素的影响,缺少一致的判断标准,面试结果常常无法量化以及无法同其他应聘者的评价结果进行横向比较等。

> **小提示**
>
> 一般来说,现在的企业大都采用结构化和非结构化相结合的面试方式,为企业的人力资源的多方位开发和管理形成良性循环。

四、对应聘者进行评价

专业的面试官会将面谈阶段及决策阶段分开,不再进行面谈时,同时评量应聘者,或做出录用决定。在进行面谈时,面试官必须有计划地发问,认真聆听、观察及记录,而面试评价及招聘决定要在下一步进行。

对应聘者的评价主要包括表3-8所示的内容。

表3-8 对应聘者的评价内容

序号	评价点	具体内容
1	时间观念	主要看应聘者到达面试现场与预约时间的差异
2	外形着装	应聘者的衣着是正式的,还是随意的,从中看其态度
3	精神面貌	应聘者的精神面貌是精力充沛,还是萎靡不振,说话语气是否连贯

续表

序号	评价点	具体内容
4	工作经验	根据应聘者的自我介绍以及HR挖掘出的具体内容,判断是否与其简历中工作经验的表述一致
5	专业技能	目前掌握的专业技能,对于现工作岗位欠缺的技能是什么,应聘者是否有意向通过学习进行提升
6	沟通技巧	应聘者与面试官之间的沟通,进行是否正常,是否能正确理解面试官的问题,是否直面问题
7	团队配合方面	在过去的工作中,是否有帮忙过其他的同事解决不属于自己工作的问题,为什么要这样做呢,帮忙意义在哪里
8	情绪控制与克服困难的能力	应聘者的情绪控制能力如何,面对工作困难和部门领导的不理解,如何调整化解。在过去的工作中解决过的工作难题,通过何种方法、渠道进行解决
9	性格兴趣	应聘者的性格特点,与其表述是否一致;爱好兴趣是什么,与职业目标之间的联系
10	职业规划	应聘者是否有职业的规划,为什么有这样规划,其从业经历是否与规划一致
11	离职原因	应聘者在上一单位的离职原因是什么,公司现招聘工作岗位的情况是否会出现与原离职原因类似的情况,以防止同样的事情上演
12	求职动机	应聘者为何选择自家公司,为何选择应聘该岗位
13	薪资要求	应聘者对于薪资的具体要求,是否可以得到满足

相关链接

写面试评价的注意事项

1. 面试过程中要及时记录

不能写下主观及概括性的词,也不应将应聘者说的话用自己的方式来描述,而是用"逐字记录"方式来写,这样有利用对应聘者的表现进行区分,避免不同的应聘者得到差不多的评语记录。

2. 填写评价量表

尽量不要翻阅其他应聘者的评量表,根据原先定下的工作要求来评分，不要在本步骤中做出招聘决定。

评分时应参考上一步骤的记录，重温应聘者的回答重点，留意与该工作表现维度有关的问题，然后写下评分。

极力避免主观因素的影响，要从记录中找寻证据支持自己，切勿以印象或个人喜好作准则。若记录没有支持证据，该项工作表现维度便应获低分，面试官在评分时，要竭力保持客观，脑海中应只有应征者的行为表现，而非个人相貌、学历、身材等背景资料。

3. 检查评分与记录

应该取出记录来核对一遍，看看不同的应聘者是否有相同的回答。若真的有类似的答案出现，面试官还要进一步检查评量表，看看是否给予相同的评分。

相同的行为表现，应该给予相同的评分。换句话说，无论应聘者是谁，只要他曾做出一些与工作要求符合的行为，面试官便给予高分，反之则给予低分。

面试官还要从评量表中，将一些关键性评价要素的评分检查一下，比较高分者与低分者的答案，重新看看他们的行为表现是否与评分匹配。若有需要，面试官在此时可调整评分。

4. 做招聘决定

在同分的情况下，面试官需要查阅评价量表，若使用加权量表，在权重较高类获得高分的应聘者，应首先考虑聘用。

第四节 人才测评

人才测评是测试者个体自我、发掘潜能的有效途径，也是企业人力资源部门开展专业化人才招聘的有力助手，在发达国家被广泛应用于升学、就业、企业招聘与考核。

一、人才测评与企业招聘的关系

随着社会发展,工作本身对人的素质和心理适应性的要求越来越高。过去那种仅凭个人经验的选拔方法已经无法对人才素质进行准确评估,而现代人才测评可以客观地评定人才的综合素质和能力,成了企业人力资源管理的必要工具之一,在人才招聘、选拔、定岗、考核等领域发挥着重要作用。许多企业开始借助人才测评推动招聘工作的专业化,提高招聘效率。

企业招聘的一个关键性技术问题是如何预测应聘者的未来工作绩效,人才测评技术可以为此提供重要的科学依据,可体现在图3-15所示的两个方面。

图 3-15 人才测评预测应聘者未来工作绩效的体现

在大多数情况下,人才测评和招聘过程是分不开的。一般来说,人才测评在招聘与录用环节可以为企业的HR提供应聘者的基本素质评价、应聘者的岗位胜任力评价和发展使用建议等。因此,人才测评是招聘环节中的质量检验关。在对应聘者有了准确的把握后,企业便可以在应聘者和招聘岗位之间进行匹配比较,从而做出科学有效的招聘决策。

 相关链接

人才测评对企业招聘管理的作用

人才测评对于企业的招聘管理,至少具有以下四个方面的作用。

1. 提高人职匹配度,有助于准确选才

无论招聘新员工或者企业内部提拔人才,应用员工素质评价技术,可以全面客观地评估候选人的职业能力特点、职业兴趣、个性特点、职业价值观、解决问题风格、成就动机等因素,从而做到择优录用,避免"误用庸才,错失良才"。

2. 协助员工进行职业生涯规划

员工素质评价可以帮助员工更加了解自己,让他们清楚知道自己的长处和兴趣,以便在职业规划中扬长避短。人才测评有助于员工个人的职业生涯设计和职业生涯发展,能帮助员工实现更好的自我发展。

3. 增强团队的凝聚力和战斗力

团队角色理论认为:由风格各异的个体组成的团队所做出的决策,要比单个个体的决策更有创意。实践表明,团队合作不成功的原因之一在于不同团队角色的成员搭配不当,导致在某些领域投入过多,而在另一些领域投入不够。把具有互补性的员工结合起来,能够产生积极的协同作用。通过人才素质评价,可以清楚了解目前团队的现状及每一个成员的角色特征,并建立起相应的"员工素质档案",有利于进行合理的人员配置,提高整个团队的凝聚力和战斗力。

4. 降低骨干员工的流动率

据调查,目前大多数企业员工辞职的主要原因是员工的需求得不到满足,从而对企业产生不满情绪。通过对员工进行素质评价,可以清楚地了解员工的主导需求,准确把握员工对薪酬、福利、工作环境、进修、晋升、休闲等方面的重视程度,从而有的放矢地对员工进行激励或给予针对性的培训,大大降低员工的流动率。

二、通过人才测评做好人岗匹配

很多企业在招聘时,感觉招聘不到优秀的人,招聘不到有能力的人。当问到怎么才算优秀人才时,又不能明确地说出优秀的标准是什么?能力水平的标准是什么?其实选人和用人最重要的无非是搞清楚以下两个问题。

(1)我们企业想要什么,候选人有没有我们想要的?

(2)候选人想要什么,我们企业有没有候选人想要的?

HR只要把上面两个问题描述清楚,画出你想要的人才画像,去人才市场上找相应的人,找到后放到对应的岗位上,让他们做擅长的事,这样的人就是优秀的人。要想做出人才画像,一般可以从素质、知识、能力和经验四个维度进行考虑。四个维度在测评中体现的具体内容、特征等,可参考表3-9。

表3-9 人才画像四维度在测评中的体现

维度	内容	特征	权重
素质	一般是由自身特质决定的,根深蒂固不容易改变,比如性格、智商、人格、自我定位、人生观、价值观、忠诚度等	能不能做	50%以上
知识	专业知识、岗位知识、学业情况、学历、培训经历、资格证书情况	知不知道怎么做	约20%
能力	指一定知识基础上,完成目标和任务的可能性。一般分为核心能力(沟通、组织、协调等)和专业能力(专属于某一岗位的特有能力)	会不会做	约20%
经验	从事某一工作的时间长短,随着时间的增长,能力的提升趋缓,增长的更多是经验,经验的体现是处理事情的熟练程度和处理异常状况的能力	做了多久,熟练程度	约10%

> **小提示**
>
> 素质维度一般要占50%以上,只要一个人的素质达标,价值观没问题,知识和经验是可以培养的。按照上述维度做出的人岗匹配,稳定性会相对较强,人才效率会提高。

三、测评工具的选择

现在的测评工具很多,企业如何选用测评工具,如何使用好测评工具在人岗匹配中非常重要。根据人岗匹配的四个维度,一般在进行测评设计时,企业可以从以下三个方面考虑测评工具的选取和使用。

1. 从素质维度进行性格测评

性格测评常用测评工具有RTC行为性格测评、PDP职业性格测评、霍兰德职业兴趣测试、MBTI职业性格测试、16PF人格测试、大五人格测试（五大类）、九型人格测试、LSI领导风格测试（领导风格成四个大类）等。其中，PDP应用广泛，应用量大，因为其使用五种动物来代表不同性格，也最容易被记住。

2. 从动力维度进行动机测评

从动力维度设计，主要测评候选人的动机，到底多想做这个岗位。常用测评工具有结构化面试、舒伯的职业价值观测评、求职动机挖掘与评估、职业期望挖掘与评估等。

3. 从能力维度进行技能测评

从知识能力维度设计，主要测评知识水平和技能水平。常用测评方法有简历分析评估、TST学习潜能测试、人才测评中心、知识技能笔试、技能操作测试等。

HR在选用测评工具时，要本着适合公司、便于操作的原则进行选取，一般在一个维度上选用一种工具即可。

四、开发适合企业的测评题库

从人才测评的发展趋势来看，通用性较强的测评工具只适用于一些常规测试，企业需要针对性更强的个性化测评工具。

目前已有一些专业测评机构已经开始提供"量身定做"测评体系的服务，帮助企业开发适合自身的测评工具，培训专业测评人才。其中最直接的一个方法就是建立企业自己的测评题库。

测评题库是企业进行测评过程中的基础资源，这些题库大都与企业的运营实际紧密结合，并且是企业日常运营的经验积累。企业应该根据不同岗位的要求，结合优秀员工的绩效评价和测评结果，形成基于绩优员工的测评标准，不断努力开发适合公司的测评题库。

五、建立人才测评体系

不同企业处于不同发展阶段和不同组织架构下，因而不同企业对于同一岗位的员工需求也会有差异。企业在建立人才测评体系时，必须根据企业的现实情况，由易到难、由简单到复杂，通过战略分析和内部经验积累，逐步建立个性化的测评体系。其步骤如下图所示。

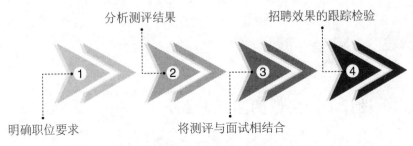

图 3-16　建立人才测评体系的步骤

1.明确职位要求

明确职位要求是建立科学、有效测评体系的基础。明确的职位要求需要企业在招聘时确定哪些素质是该项工作必须具备的，这些素质要达到什么程度员工才能胜任这个职位。这些内容可以从公司的职位要求、职位说明书等渠道中获得，也可以从绩优员工或者对职位有充分了解的上级主管处获取。

2.分析测评结果

清晰的职位要求确立以后，就可以让应聘者完成相应的测试，并将其测评分数和职位要求的最佳区间加以比对，评估人职匹配的程度。

3.将测评与面试相结合

测评结果可以为深入了解应聘者提供有价值的线索，比如几位候选人难分伯仲时，就可以在面试中对其测评表现较弱的素质做进一步考察，从而选择表现更优异的应聘者。但测评结果只是决策信息的一部分，还需要将个人履历、面试、人才测评等多方面的信息综合起来评价应聘者。

4.招聘效果的跟踪检验

人才测评的应用不该在企业做出录用决策后就结束。用人部门主管和招聘专员要定期回顾分析，通过测评结果和被测员工的实际工作绩效的相关性分析，不断完善测评的模式、方法和过程，对测评方法加以修正和完善，不断提升测评体系的适用性、关联性。

> **小提示**
>
> 企业在应用人才测评过程中，需要不断地在实践当中积累经验，如果能娴熟地运用测评工具，那么对众多担负着招聘重任的人力资源工作者来说，人才测评无疑是一个有力而且有效的"助手"。

六、设计不同岗位的测评方案

不同岗位对人才需求的差别是非常大的，招聘中使用最多的要数能力测评、个性测评、职业兴趣测评以及诚信度测评。当然，还可以根据不同的测评对象进行管理能力测评和沟通能力测评等。然后根据这些测评，找出合适的优秀人选。

1.生产岗位的测评设计

生产岗位对人的要求是喜欢与物打交道，操作能力强，反应敏捷，细心安静，并需要一定的专业技能。对于生产岗位人员的测评可从图3-17所示的几方面进行。

图3-17 对生产岗位人员的测评

2.销售岗位的测评设计

销售岗位对人的要求是喜欢与人打交道，乐观自信，善于与人交往，善于说服别人，对产品较为熟悉，具有该方面的专业技能。对于销售岗位人员的测评可从图3-18所示的几方面进行。

图 3-18 对销售岗位人员的测评

3. 技术岗位的测评设计

现代的高新技术企业中大多都有自己的研发机构或部门,那里有一大批专门从事研究开发工作的技术岗位人员。研发机构技术人员的主要职责在于开发新产品,他们需要具有较为深厚的专业技术知识和技能,同时,对他们创新能力的要求更高。对于技术岗位人员的测评可从图3-19所示的几方面进行。

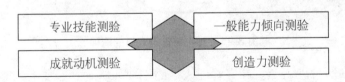

图 3-19 对技术岗位人员的测评

4. 普通办公岗位的测评设计

普通办公人员主要负责公司内部的各项具体事务,必须具有一定的职业技能和动手操作能力,其胜任力特征主要包括专业技能、个性特征、一般能力、职业兴趣、心理健康状况、诚信态度等。对于普通办公岗位人员的测评可从图3-20所示的几方面进行。

5. 管理岗位的测评设计

(1) 中层管理人员。中层管理人员的主要职责为:上下级沟通,对部门事务进行管理,与员工、同事以及领导进行交往沟通,执行公司的决定,参

图 3-20　对普通办公岗位人员的测评

与员工的职业生涯管理等。他们应当具备与此有关的各项基本素质。对于中层管理人员的测评可从图 3-21 所示的几方面进行。

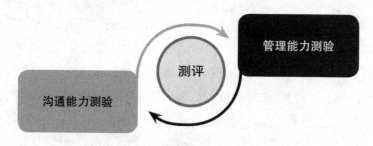

图 3-21　对中层管理人员的测评

（2）高层管理人员。高层管理人员的主要职责为：企业的战略策划、经营决策、领导与管理，其核心是决策。他们的胜任力特征主要有：变革与决策意识和能力、管理能力、创造力、较高的成就追求以及交往与沟通能力。对于高层管理人员的测评可从图 3-22 所示的几方面进行。

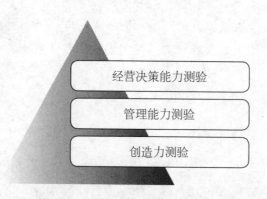

图 3-22　对高层管理人员的测评

七、设置科学的测评指标

由于测评对象个体差异性大,如果只看学历、知识、经历,很难真正识别出人才与工作绩效高度相关的能力和素质特征。企业在设置人才测评指标时,要充分考虑到不同部门、不同岗位人员的工作性质和特点,不仅要有学历、资历、计算机和外语水平等硬性指标,还要将工作潜力、思维能力、创造精神、工作韧性等软性指标纳入测评指标设置范围。

用人单位要打破过分依赖笔试的测评格局,综合运用好面试、情景测验、心理测验、客观评价等测评方法,发展能够全面、准确测评人才潜力的测评技术。

下面提供一份××企业人才测评方法和指标权重的范本,仅供参考。

实战范本

××企业人才测评方法和指标权重

测评方法	测评指标	权重	测评方法	测评指标	权重
心理测验	情绪控制与调节能力（人格）	9%	情景测验	团队合作能力（行为观察）	9%
	分析判断能力（认知）	10%		领导管理技能（行为观察）	6%
心理测验	工作动机和目的（人格）	6%	客观评价	相关专业背景	10%
	应对压力的能力（其他）	8%		学历	5%
面试法	沟通与表达能力（行为观察）	10%		工作与学习经历	9%
	外貌和仪态	8%	评定法	绩效考评	10%

经典案例

从能力、动力、人格对应聘者进行素质评价

识人的关键,在于对个人稳定的核心素质进行评价,同时舍弃不稳定、非核心的评价指标(如知识、爱好)。那么,稳定的个人素质包括哪些方面呢?这主要涵盖了能力系统、动力系统和人格系统,它们分别解释了"能不能干""想不想干""适不适合干"的识人终极问题。

用一个公式来表示:

$$行为 = 能力 \times 动力 \times 人格$$

如果要做到准确识人,就要对个人素质的三大系统进行有效地抽样、清晰地识别,做到"既见树木,又见森林"。

张总和王总参加区域总经理候选人的面试。这两人都毕业于重点大学,有十多年的工作经验,也有同等职位的任职经历,带过50人以上的团队。在面试时,面试官提出了如下问题:

(1)你管理的团队在上一年度的工作业绩如何?你在其中做出了哪些贡献?

(2)你离职的原因和考虑是什么?

(3)你为何选择我们公司?看中我们公司哪些方面?

(4)如果你正式来我们公司任职区域总经理,前三个月时间准备如何开展业务?

(5)对我们公司的情况,你还有什么想了解的?

张总是这样依次回答的:

我上一年度带领团队达到了800万元的业绩,其中的700万元是公司原来的老客户带来的,这部分业绩我们付出的成本少,主要是维护与老客户的关系。另外100万元的业绩,是我的团队新开发的用户带来的,其中部分借助了老客户的关系。虽然业绩一般,但我认为这样可以稳扎稳打,后续能够持续发力。

我与之前老板的思路不合,在业务开展方面的理念也有冲突。老板

是做销售起家的，推行以广告、运动、促销等方式拉动的销售，而我认为这样虽然短期业绩能提升上去，但会损害销售团队的价值观和意志力，变得浮躁而急功近利，以后难带团队，业绩也不容易持续提高。我认为销售团队的培养是一个循序渐进的过程，需要走专业化路线，一边培养销售人员的能力，一边做好与其能力相匹配的销售活动。

我听说贵公司人际关系比较简单，大家干好工作就行了。不像我之前工作的企业，要花大量时间处理各种人际关系。我更喜欢简单直接的工作氛围。

如果我来贵公司工作，负责组建这个团队的话，会按循序渐进、稳扎稳打的方式开展工作。我会先用两个月时间培养团队、调查市场、了解竞争对手，然后从第三个月起，争取把销量做上去，来完成1000万元销售收入这个季度目标。现在的市场环境不好，竞争压力大，要实现目标有很多困难。但我知道我没有退路，我是憋着一口气出来的，不能丢人，拼着命也要努力达成这个目标。

我对公司没有什么问题了，之前人力资源部把基本的工作安排和薪酬向我说明了，我现在主要想怎么立即开始工作，把业绩做上去。

王总是这样回答的：

我在去年业绩达到了2000万元，是公司的全国销售冠军，而且我带领的团队还受到了公司的表彰。

我离开原来的公司是因为过意不去。去年我家人生病，我不得不请长假照顾。请太多假我也不好意思，所以干脆辞职照顾家人。当时老板很看重我，批准了我的长假，而且还给我发工资。但我这样过意不去，不符合我做人的价值观。

我听说贵公司的流动率低，人员稳定，不像有些企业，一个月业绩不好就辞退员工。这很没有人情味。

我选择的工作方向，要看公司的战略要求。如果公司要马上出业绩，我就激发团队把业绩做上去，但这样的话团队员工流失率会比较大；如果公司要我出质量，那就要给我时间，起码三到六个月，急不来。因为组建团队需要慢慢培养，还要一边锻炼一边走向市场，提高客户服务的品质，这些都是急不来的。

我对公司的主要问题是，在销售团队培养的初期，招聘费和培训费怎么出？还有在市场推广初期，公司有没有预支的销售费用？这个问题我问过销售副总，他说销售费用是从销售业绩中按一定比例提成。但前期组建队伍时，没有业绩，上面这些费用该怎么出？对此，销售副总也没有明确告诉我。

在面试中，张总和王总展现的风格完全不同。表面上看，张总保守稳重，业绩表现中等，而且不善于处理对上关系，固执己见。王总则业绩表现突出，健谈自信，精力充沛，善于处理人际关系，比较灵活。抛开直觉和表象，我们用识人之道的三大系统逐一对照分析，去伪存真，方可看清两人的本质。

如果按照"优-良-差"的3分制来评价，张总的三大系统分值为：

能力系统：张总有同等工作经历，能完成一定量的工作任务，一直强调稳扎稳打的风格。但表述中不论是营销策略还是营销业绩，都缺乏亮点，所以他的能力为中等水平，给2分。

动力系统：张总说他自己是憋着一口气出来的，准备拼命干，最后他说想立即开始工作，把业绩做上去，这些说明他具有很强的工作动力。所以，张总很想干，动力给3分。

人格系统：从张总的前后表述来看，逻辑比较一致，但其个性有瑕疵。张总对自己的描述，坦诚介绍了以往的工作职责和离职原因，比较符合行业的实际情况，其中有不少是对自己行为风格的暴露。行为的原因和过程是偏负面性的行为，所以掩饰的可能性不大，应该是对自己真实性情的表达，因而更加客观可信。

综合来看，张总似乎不善于处理与老板的关系，这属于个性或风格的问题。但他能够袒露自己，谈吐真诚，所以对他的缺点可以接受，给他的人格系统评2.5分。

同样，我们再来分析王总的三大系统分值。

能力系统：初看起来，王总能力和业绩突出。但相对而言，王总的话说得太满，而且对自己的描述都是积极甚至过于美化的，有些不合常理，从直觉上看已经有点失真。在第三个问题上，更加暴露了王总前后表述内容的不一致。在他的谈话中，可以发现"稳定"（不被辞退）这个关键词。如果他的业绩这么好，能做到全国冠军，何必担心业绩排在末尾被"炒掉"这个问题呢？事实上，只有业绩不好的人才会担心被辞退的这种情况。在第五个问题上，王总非常关心"招聘费和培训费怎么出"的问题，这里出现的关键词是"费用"和"支出"。再一推导，王总应该是对业绩没有把握，才会担心钱的问题。所以，王总的能力系统只能给1到1.5分。

动力系统：根据对谈话内容的关键词分析，王总没有表现出明显的进取心，以及任何对工作的责任感和主动性。所以，王总的动力系统只能评1分。

人格系统：如果仔细分析，可以发现王总的描述存在前后逻辑不能自洽的地方，有言过其实之嫌。他一方面说老板很看重他，允许他请长假还发工资，而且他的业绩又是那么优秀，但他为何要离职出来找工作呢？既然原来的老板对他那么好，他更应该回去报答知遇之恩啊！

所以，王总之前描述的业绩水平、离职理由并不能解释他离职的行为，应该对他表示怀疑，并需要通过背景调查进行深入的信息查证。

在第四个问题上，王总并没有给出实际的目标承诺，而且玩弄口才，把问题抛回给面试官。仔细一想，王总的表现很不真诚，是在逃避责任和问题。

在第五个问题上，他还对销售副总提出了抱怨。在还不熟悉公司情况的背景下，就开始抱怨上级，这反映了怎样的一种品质？所以，王总的人格系统只能给1分，并且还要对其做背景调查。

根据以上分析，可以有很大把握判定，王总的能力较差，动力不足，并且最关键的是，人品可能有严重问题。

如果要二选一，当然要选张总。倘若奉行更高的用人标准，则应该继续寻访更优秀的人才。

【疑难解答】▶▶▶

[Q&A **面试过程中，什么时候谈薪资合适？**]

答：对于基础岗位建议可以直接在初试中谈，这样提高招聘效率。

对于管理或技术类的岗位则根据面试节奏来安排，可以在面试过程中了解应聘者的薪资需求，告知大致的薪资区间，从而避免因薪资问题而导致优秀的人才流失。

[Q&A **面试时一般可由哪些人员参与？**]

答：面试人员有了面试流程和方法，还要保证面试人员有足够的能力能够运用，而且为保证面试的信度和效度，在面试的流程设计方面也要设计合理，既要让必要的人员参与面试又不能让流程过长影响效率。

对面试官的要求：

（1）在某些领域必须要有足够的阅历，最好有过带团队管理的经验；

（2）某些技术领域的专家，包括技术、管理、职能、销售、生产；

（3）心态要相对平和，不偏执，不绝对；

（4）深入了解公司的价值观，了解公司内部的运作机制。

因此，为保证招聘标准的统一和有效，从公司挑选符合以上条件的人员组成面试小组，每个技术细分领域至少保证 2～3 人作为面试官，并要保证在某些知识、能力领域的判断上，这些面试官能够有相对统一的标准。

[Q&A **对人才测评时应该主要关注什么，技能还是品德？**]

答：人才测评中具体关注技能还是性格或心理特征，需要根据企业测评的岗位和实际的测评应用方向来定。

比如，在招聘医生或教师时专业技能比较重要，但如果是销售岗位，建议可以做销售潜质测评。

测评需要与面试相结合吗？

答：在对应聘者的考察评估中，测评结果只是决策信息的一部分，需要将个人履历、面试、测评等多方面的信息综合起来做出决策。测评对面试中如何深入了解候选者提供了有价值的线索。很多情况下，并没有完美匹配的应聘者，或者几位较优秀的人选难分伯仲，那么对于他们测评中表现较弱的素质，就可以在面试中做进一步考察。

如何判断简历造假？

答：一看简历中的疑点和感觉奇怪、别扭的地方，从这些疑问和别扭的地方着手，细致推敲，也许能发现破绽。

二看职业发展的内在逻辑关系。一个人的职业发展是遵循一定的规则的，如果违反了这样的规则，逻辑上出现混乱，就可能有假。

面试时问候选人前公司薪资有什么技巧？

答：对于问工资的事情，有些人会反感，这也很正常。

面试官可以先这样问：你对薪资有什么样的期望呢？那他可能会说我期望月薪12000元、15000元。然后面试官紧接说：我可以知道你现在的工资吗？当然，你如果不说没关系。

这种提问方式相比于直接地问面试者现在的工资多少，会让人更容易接受。同时，这也是在告诉面试者：问工资是要探究其为什么会有这样一个薪资期望值。

怎样提问可以判断候选人的匹配度？

答：在面试过程中，面试人员可以通过一些面试问题来判断候选人的匹配度。

1. 有关人岗匹配度的问题

（1）关于这个岗位的核心工作你清楚吗？通过什么方式能够证明你会做这项工作？

（2）关于这种工作你认为自己做到了什么程度？或者什么样的层次或级别？

（3）需要别人配合吗？需要多少人？都怎样来配合？

（4）关于这类工作你做过多少？现在做这项工作你需要花多少时间能完成？

（5）需要什么条件能把这项工作做得很完美？

（6）为了把这项工作做得很好，你都需要哪些措施？具体描述一下。

（7）这项工作一般会分几步走，分几个阶段？怎样的流程？有哪些关键环节？

（8）这项工作最容易在哪些环节出问题？都会出现什么问题？需要通过什么样的方式来解决？

（9）关于这方面的工作你曾经是否有过失败的案例？具体描述一下当时的情况。

（10）你认为把这个职务的工作做好还需要什么样的宏观条件？

2. 有关价值观匹配度的问题

（1）对原来的单位和上司的看法如何？

（2）描述上一次在工作中挨批评的情景。

（3）聊一聊对自己影响很大的人，特别是对自己的生活态度有影响的。

（4）平时喜欢去什么样的网站，关心什么样的东西？

第四章

人员评估与录用

导言

在人员甄选工作结束后,招聘进入最后阶段,即人员录用。本阶段主要任务是通过对甄选评价过程中产生的信息进行综合评价与分析,确定每一位应聘者的素质和能力特点,根据预先确定的人员录用标准与录用计划进行录用决策。

第一节 入职信息审查

企业在决定录用求职者之前,要对求职者有一个了解、认识、认可的过程,这就是入职前的信息审查。对用人单位而言,这个过程控制得好,无异于守住了用工风险的第一道大门,可以为后续人力资源管理避免诸多不必要的纷争。

一、基本信息审查

基本信息主要包括:劳动者身份、学历、技能、资格、工作经历以及是否达到法定年龄等。

由于应聘人员虚报学历、资格、工作经历等情况时有发生,若企业在招聘时审查不严格,将有可能导致其无法胜任工作。虽然企业可依照《中华人民共和国劳动合同法》(以下简称《劳动合同法》)第二十六、二十九条的规定解除劳动合同,但也将为此承受一定损失,不但付出招聘成本仍未招录适用人才,而且根据《劳动合同法》第二十八条的规定,在该劳动者工作期间,企业仍要向其支付劳动报酬。

在进行基本信息审查时,可以要求员工填写如表4-1所示的"应聘登记表",以此来记录应聘者的基本信息,使得单位能更加全面了解和掌握员工的信息,并且在有意外事件发生时,可以及时联系到员工的亲戚或朋友。

表4-1 应聘登记表

姓名		应聘职位		
性别	出生年月		文化程度	照片
民族	政治面貌		技术职称	
婚姻状况	现家庭住址			
身份证号码			联系电话	
目前工作单位			岗位职务	

续表

外语情况	语种□	一般□	熟练	□精通
户口所在地派出所			档案所在地	

学习经历（从最高学历写起）		
起止日期	毕业院校	专业

工作经历			
起止日期	工作单位及职务	主要业绩	离职原因

技术培训		
起止日期	培训内容	证书

其他特长
对应聘职位自我推荐
期望薪金

二、劳动关系审查

法律规定，用人单位招用尚未解除劳动合同的劳动者，对原用人单位造成经济损失的，该用人单位应当依法承担连带赔偿责任。因此，企业应该确认所拟录的人员不存在其他劳动关系，如果审查不严，导致录用的人员尚未解除劳动关系，则应该承担连带赔偿责任。

为此，企业在招聘时，除新参加工作的劳动者外，应查验其与原单位解除或终止劳动合同的证明，或者其他能够证明该劳动者与任何单位不存在劳动关系的证据，才可与之签订劳动合同。

审查应聘者的离职证明，不仅能够确认其是否与其他用人单位解除劳动关系，最重要的是还可以从原用人单位所提供的离职证明中确认该员工过去工作的表现情况。

需要注意的是，《劳动合同法》放开了对"双重劳动关系"的限制，如果招聘单位招录与其他用人单位存在劳动关系的劳动者，也应该注意审核相应的证明。因为，根据《劳动合同法》规定，双重劳动关系建立的前提是对完成本单位的工作任务未造成严重影响，所以，招聘单位接收与其他用人单位存在劳动关系的劳动者，应该要确认原用人单位是否同意其再建立劳动关系。招聘单位可以要求劳动者提供原单位同意其建立双重劳动关系的书面意见以绝后患。

三、竞业限制审查

对于一些知识型、技术型或处于管理岗位及掌握一定商业秘密的劳动者，企业一般都在劳动合同中约定竞业限制条款，或签订竞业限制协议。若用人单位录用的劳动者对原单位负有竞业限制义务，原单位可能就此要求该劳动者与新用人单位共同承担赔偿责任，新用人单位将因此而遭受损失。

用人单位在招聘此类人员时，应对其是否与其他单位签有竞业限制协议认真审查，确认拟招用的劳动者不负有上述义务时，才可与其签订劳动合同。

四、入职体检

劳动者的身体状况不仅关系工作能力，更为重要的是关系到企业的用工成本。在劳动合同履行过程中劳动者患病的，即使入职前就存在该潜在疾病或职业病，新用人单位仍将可能对此承担责任，这大大增加了企业的用工风险。

因此，用人单位应要求应聘者在入职前提供体检证明，并指明需要检查的项目，但要注意不能有对乙肝携带者的歧视等。

五、其他信息审查

用人单位可根据需要了解应聘者其他重要信息，如婚姻状况、家庭情况，以及有无犯罪记录等。但是，用人单位需要注意，所了解的信息应当是与劳动合同直接相关的信息，不得涉及与工作无关的信息，不得侵犯劳动者的隐私。

第二节 入职背景调查

背景调查是指通过从外部求职者提供的证明人或以前工作的单位那里搜集资料，来核实求职者的个人资料的行为，是一种能直接证明求职者情况的有效方法。

一、背景调查的目的

通过背景调查，可以证实求职者的教育和工作经历、个人品质、交往能力、工作能力等信息。简而言之，背景调查就是用人单位通过第三者对应聘者提供的入职条件和胜任能力等相关信息进行核实验证的方法。这里的第三者主要指应聘者原来的雇主、同事以及其他了解应聘者的人员，或是能够验证应聘者提供资料准确性的机构和个人。

> **小提示**
>
> 由于背景调查技术的成本较高，操作难度较大，企业一般在确定了目标职位的候选人之后才使用。

二、背景调查的时机

一般针对复试通过者进行背景调查，这样工作量相对少一些，但对于高层管理岗位最好在初试通过就进行背景调查，这样可以为复试提供有力的支持；背景调查时间最好安排在面试结束与上岗前的中间时段；对在职应聘人员应注意保密，以免对应聘人员造成影响。

三、背景调查的对象

公司所有拟录用的管理人员都应进行背景调查，但根据岗位不同，背景调查应有所侧重，重点是管人、管财、管物的关键岗位和中、高层管理人员。

四、背景调查的流程

背景调查的流程如图4-1所示。

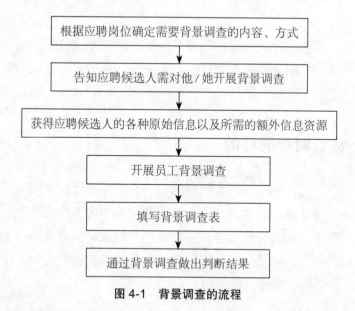

图4-1 背景调查的流程

五、背景调查的方式

一般管理岗位的背景调查方式如表4-2所示。

表4-2 一般管理岗位的背景调查方式

序号	调查方式	适用范围
1	电话核查	适用于所有管理人员，可以用于核实学历证件、工作经历等，获取电话号码的途径概括如下： （1）应聘者在职位申请表上提供的联系人电话； （2）通过114查询应聘者原公司部门或人事部的电话号码； （3）通过应聘者原公司网站或各大招聘网站来获取应聘者原公司部门或人事部的电话号码； （4）直接询问应聘者本人
2	实地调查	主要针对应聘高层管理岗位，适用于应聘者已与原单位解除劳动合同且为同城或异地近距离的应聘者
3	网上查询	适用于查找求职者原单位信息和学历证；中国高等教育学生信息网，可用于查验2001年后毕业生的毕业/学位证

因高层管理人员岗位特殊，如发生问题，将会给公司造成重大损失和不良影响。因此，对他们的背景调查较之一般管理人员应有更高的标准和要求。故除了通用一般员工的背景调查方式方法外，还要注意以下几点。

（1）对中高层管理人员的背景调查，从任职经历上，一般应不少于3个近的任职单位；从时间跨度上，5年以内从事的岗位都应列入背景调查的范围。

（2）为确保背景调查情况的真实性和可信度，应找应聘者原所在单位的主要领导和人事部门负责人进行取证。

（3）背景调查中，发现有疑问之处，必须弄清事实真相，不留疑点；如电话背景调查不清，要根据问题的性质，申请派人上门进行调查核实。

（4）做好全面的专业背景调查：指的就是一个全方位、立体化的背景调查。

比如一个销售总监，我们调查的时候，调查的范围会涉及上司、下属、平级同事、客户、公司老总、人力资源部几个跟销售总监接触比较多的人和部门。这样，就保证了调查这个销售总监的全面性。如果大家对他的评价都比较一致，那评价就比较真实可信。

六、背景调查的内容

背景调查内容应以简明、实用为原则，内容简明是为了控制背景调查的工作量，降低调查成本，缩短调查时间。一般调查的内容分为两类：一是通用项目，如毕业证书的真实性、任职资格证书的有效性；二是工作经验、技能和业绩方面的真实性。管理岗位背景调查具体涵盖内容如下：

（1）学历证／学位证；

（2）在原单位工作时间；

（3）在原单位任职是否属实；

（4）工作业绩；

（5）人品如何；

（6）与原同事相处关系；

（7）有什么优缺点；

（8）薪资水平；

（9）辞职原因及时间；

（10）劳动关系是否解除。

背景调查完成后，要统一填写背景调查表，报领导审查，确定最终是否录用，并作为员工的历史资料，由人事部门专人负责入档。表的填写应注意：表格填写要完整、准确，不得漏项，记录在调查过程中了解到的一切信息；填写调查结果，应涵盖调查的内容；应显示提供信息人的职务，以便对其提供情况的可信度做出判断。

下面提供一份背景调查表的范本，仅供参考。

实战范本

背景调查表

应聘者姓名			应聘岗位			面试时间		
调查单位1								
提供信息人1	与被调查者关系		□上级 □下级 □平级 □其他＿＿＿					
	姓名		所在部门		所在职位		联系方式	
被调查者信息	任职时间				任职岗位			

续表

被调查者信息	工作评价		有无不良记录或纠纷	
			薪资水平	
	离职原因	□公司辞退（原因）	□个人辞职（原因）	

调查单位2					
提供信息人2	与被调查者关系	□上级 □下级 □平级 □其他_____			
	姓名		所在部门	所在职位	联系方式
被调查者信息	任职时间			任职岗位	
	工作评价			有无不良记录或纠纷	
				薪资水平	
	离职原因	□公司辞退（原因）		□个人辞职（原因）	

调查单位3					
提供信息人3	与被调查者关系	□上级 □下级 □平级 □其他_____			
	姓名		所在部门	所在职位	联系方式
被调查者信息	任职时间			任职岗位	
	工作评价			有无不良记录或纠纷	
				薪资水平	
	离职原因	□公司辞退（原因）		□个人辞职（原因）	

调查小结	
调查结果	□属实 □不属实
调查日期	调查部门　　　调查人

七、背景调查的注意事项

（1）针对高层管理岗位需要上门背景调查的，最好和被调查者事先签订"背景调查授权书"，既表示了对被调查人的尊重，也可以作为说服被咨询对象接受询问的有力授权证明。

（2）熟悉被调查人相关的背景资料，找好背景调查的切入点。

（3）根据被调查人应聘的岗位和公司对该岗位的用人要求，确定背景调查的重点内容，按照背景调查表上的各项，逐步调查并做好记录。

（4）以其他名义进行电话背景调查时，为防止对方回拨查证，最好使用手机号码。

（5）采取何种方式进行调查，应视实际情况而定，灵活运用，不必拘泥于一种形式。

（6）操作规范须落实到相关责任人，责任人学习后方能进行背景调查。

（7）调查时，无论调查对象是否离职，尽量不能透露其真实身份。

（8）对仍在职人员做背景调查时，应注意为求职者保密，调查时须格外慎重。

第三节 薪酬福利沟通

企业在给员工发录用通知前，都会与他就工资、职位、福利待遇等部分进行一个谈判，而这个谈判的成果关乎求职者在这家公司的起步和后续发展。

一、提前告知公司的薪酬原则

针对一些求职者过高的薪酬期待，HR要明确告诉他公司的薪酬原则。
比如：

（1）定薪需要遵循公司现有的薪酬体系；

（2）原有薪酬可以作为参考，但并非绝对依据；

（3）公司目前的薪酬体系，是在对市场全面调查的基础上确定的，体现了公司的价值标准等。

二、不要开始就谈薪酬

面试时，HR应该避免一开始就谈论薪酬。因为HR需要在面试过程中积累对应聘者足够的了解，也需要让应聘者对企业及职务有一定程度的认识，否则当双方的沟通还不够时，就直接说出薪酬的数字，会破坏谈判的可能性。

在谈话的过程中，HR经理可以了解到哪方占了上风。如果应聘者具备很好的条件，那么企业在薪酬上必须大方些；相反地，如果应聘者只是条件相当的可能人选之一，企业则可以把薪酬压低些，延后谈论薪酬的时间，以获得信息及思考的机会。

三、不要直接询问对方期望薪酬

有的HR在招聘中常常会直接询问应聘者希望的待遇是多少，其实这样已经给予应聘者开价的权力，往往对企业较为不利。尤其是当应聘者说出理想待遇，而企业又没有办法满足他的希望时，便产生了负面的影响。

所以，HR应该先询问应聘者"目前／上一份工作的薪酬是多少？"这样企业才会有较为合理的参考标准。

如果应聘者目前的薪酬低于企业预定的最高薪酬值，企业可以依据想要应聘者加入程度的高低，调整薪酬以吸引应聘者；如果应聘者目前的薪酬高于企业预定的最高薪酬值，HR经理可以把说服的重点放在职务的其他优势上。

四、只告诉对方薪酬范围的下限及中间值

企业如果在招聘广告中注明薪酬的话，最好也只标明薪酬的范围，一般应当保留薪酬范围的上限，只告诉应聘者薪酬范围的下限及中间值。

另外，HR还需与应聘者讲明企业在薪酬方面具有竞争力的地方和吸引

人的地方。就好像做营销一样，要善于将企业薪酬的"卖点"告诉对方，如各种保险齐全，实行内部赠股制度，而且大企业让应聘者有更稳定、长久的收入等，尽量避免一开始就将企业的"底牌"亮出。只讲薪酬下限值及中间值的好处如图4-2所示。

图 4-2　告诉对方薪酬范围的下限及中间值的好处

五、考虑好具体岗位薪酬的上下限

在与应聘者谈论薪酬之前，HR应该先考虑这个职务对企业的价值如何，以及企业愿意支付的薪酬，才可能寻找到与企业薪酬预期相符的应聘者。否则，当出现对薪酬预期过高的应聘者时，HR可能会与应聘者陷入不切实际的讨论，最后还是徒劳无功。

所以，在面试前，企业必须确定出职务薪酬的上限为多少。因为企业必须顾及财务能力，以及内部薪酬的公平性，这个上限即使企业最大竞争对手的最优秀员工来应聘，也不能被打破，否则员工薪酬可能成为负担。而且如果企业给予应聘者超出上限的薪酬，当其他员工知道时，也会引起不满，从而影响员工的情绪。

六、知己知彼掌握薪酬信息

薪酬谈判过程中，作为企业方要知己知彼。知己就是了解自己企业的薪酬结构和现状，知彼就是了解应聘者的真实薪酬待遇和他曾经的薪酬待遇，同时知道同类人才的社会平均薪酬，甚至他的社会关系（同学、亲朋等）的薪酬待遇。

HR在调查了解全面信息的基础上,就掌握了薪酬谈判的主动权,在与应聘者谈判时,可以降低应聘者的心理预期,使应聘者主动降低薪酬要求。

七、弱化应聘者的重要性

即使HR很中意某位候选人,也不要太过表露,这样会增加其自我评价的分量。HR可以向其表明,还有很多候选者正在竞聘该职位,公司也在权衡比较。这样就能够有效降低应聘者的自我预估,增加HR的谈判筹码。

八、薪酬标准要讨论明确

要让应聘者对薪酬要求开诚布公并不容易,许多人害怕如果说出自己目前或者希望的待遇,可能会让他们在应聘过程中丧失优势,企业会选择薪酬要求较低,但条件相似的求职者。然而,讨论薪酬是应聘的关键部分,如果应聘者躲闪这个问题,或者回答不清楚,HR可以这样告诉应聘者:"我们目前有一个职缺,我们必须知道你是不是可能的人选,我不想浪费你的时间,也不想浪费企业的时间。"

另外,HR可以通过问话的方式试探薪酬,避免双方可能出现的尴尬。

比如:"如果企业给你5000元的薪水,这和你预期有没有可能吻合?"

九、突出强调其他优渥条件

一个职务的报酬并不只体现在薪资上,当企业与应聘者在薪资上的看法不同时,企业可以量化其他福利,以减少双方的分歧。

比如,HR可以向应聘者分析,虽然职务的基本底薪比应聘者的预期低,但是企业的佣金及年终奖金比一般企业高,HR应想办法在不提高薪资的情况下,让应聘者看到一个职位的真正价值,以增强对应聘者的吸引力。

十、抓对对方需求

在沟通过程中,HR可以仔细聆听应聘者的说法,了解他们重视的其他条件是什么，以尽量满足他们的要求。对某些应聘者而言，弹性的上下班时间、休假、培训的机会等，虽然不是直接的薪资报酬，但是可能也是他们决定是否接受一项工作的重要参照。

十一、降低应聘者实际心理期望

无论多么急用的人才，在薪酬谈判阶段都不能操之过急。

应聘者的薪酬预期要求比自己企业薪酬水平高出很多时，也不要轻易放弃，必要时也要出点难题考一下。

比如，有一位老板看上了一位很优秀的人才，非常想录用他，但应聘者的薪资要求较高，自信心太强。于是他在谈判过程中出了几道专业领域里面的尖锐难题，结果应聘者答得不好，自信心锐减，就这样薪资很快谈了下来。所以薪资谈判是心理战，更是耐力战和智慧战。

十二、薪酬谈判的态度应该诚恳

薪酬谈判的目标不是把薪酬压到最低，而是为企业找到最适合的员工。HR如果在谈论薪酬的时候耍花招，如误导应聘者将来加薪的幅度很大，只求把应聘者先招进公司。这样，应聘者当时即使勉强接受过低的薪酬，过后也会因为薪酬确实不符合他们的需求而伺机离开。这样一来，为了留住人才，企业虽然暂时省了些钱，但将来会付出更加高昂的代价。

如果应聘者目前的薪酬高于企业预定的最高薪酬值很多，HR应该立刻诚实告知应聘者，以避免浪费双方的时间。当HR诚实告知应聘者，虽然企业很希望聘请他，但是真的无法支付如此高的薪酬时，有时候应聘者甚至会因为喜欢工作内容等原因，而在薪酬上自动让步。这种诚实的做法，比起在听到应聘者的高要求后，寻找其他借口拒绝应聘者，更能使企业有较大机会以低薪获得人才。

十三、用企业实力吸引应聘者

HR在和应聘者交谈中，应引导应聘者看企业的网站和有关的宣传册，介绍企业的管理团队，介绍企业的文化。此外，还要介绍企业所在行业的发展趋势，介绍在这一大行业背景下企业的发展历史、现状及未来走向和发展战略；并结合应聘者的自身特点为应聘者做简明而充满希望的职业生涯规划，以满足应聘者的成长渴望；同时根据应聘者的实际情况积极正面地引导应聘者共同奋斗，体会企业成长的乐趣。

> **小提示**
>
> 正面的理念引导，会增加企业对应聘者的吸引力，冲抵应聘者对实实在在的薪资的期望。但在进行此类操作时，忌讳神吹胡侃。

十四、试用期和转正工资一次谈妥

HR一定要和求职者谈好试用工资和转正工资，有的HR只谈试用工资，说转正工资以后再谈，这不可取，应给求职者一个明确的答复。而且，试用结束的时候，公司对员工的评价和员工对自己的评价有可能是不一致的，这时再谈判，如果不能达成一致，对双方都是一个损失。

 相关链接

决定新员工起薪应考虑的因素

1. 工资的差别

首先，每个职位的报酬应该根据该职位的职位评价来确定，然后根据企业的具体情况做适当的调整，高报酬必须拿得有理有据，这就需要企业在设计报酬结构时将基本工资和技能等级工资区分开来，基本工资对于同等资历的人来说是相同的，差别体现在技能等级工资中。

比如，两名同时毕业的应届本科毕业生就职于某软件开发公司，一个是行政职能岗位，另一个是开发岗位，他们的基本工资应该是相同的，但由于从事的工作职位不同，开发人员是软件企业的重要知识资本，所以进行开发工作的应届毕业生，技能等级就高，技能工资就相应高一些。

2. 完善的制度

完善企业内部晋升与竞聘岗位机制，并在新员工入职的时候，就把岗位晋升与竞聘机制清晰地展示给他们。晋升与竞聘机制对于业务团队尤为重要，晋升是企业对员工最大的认可与激励，同时一个人的合理晋升，也是对其他人的鼓励。企业应该明确晋升年限、要求、岗位等标准，为员工在工作中提供目标。这样一来，即便刚刚入职的时候，起薪较新员工的预期较低，也会让他们看到职位和薪资的前景，而不在于关注一时的薪资。相反，一名优秀的员工在一家企业，如果看不到任何晋升的机会，就算赚再多的钱，也无法满足其自我发展的需求，甚至会逐渐因此而形成负面的情绪。

3. 合理的激励

适当推行新员工收益分享方案，特别是与企业利润直接挂钩的岗位，比如营销策划、销售岗位等。企业应给予入职之后且为企业带来利润的新员工以相应的奖金或者提成，很多企业给入职不久或者给试用期不通过的新员工不予发放业绩提成或奖金，这样的做法，说轻了是损害新员工的积极性，说重了就有违薪酬设计的公平性原则。

考虑以上几个因素后定出的起薪，大多数应聘者都会接受，即便个别应聘者不接受，但由于应聘人数较多，或者招聘期限较长，哪怕损失一些应聘者，也不会对企业造成很大的影响。

第四节

放录用通知

企业在结束面试后，应该通知应聘者录用结果，通知的结果一种为发放录用通知书，另一种是发放未录用通知书。对于录用通知书，一旦企业决定录用应聘者，就要及时给应聘者发录用通知书，不然人才可能会选择其他公司。

一、录用通知发放前的调查

准备好录用通知后,在正式发放之前,还需要做最后的准备和检查。

(1)对于重要岗位,企业在发出录用通知前,需要对候选人进行背景调查,这样可以帮助企业避免很多未注意到的问题和麻烦。

(2)检查是否有文字明确要求候选人在指定时间内书面回复是否接受,并规定,如未在指定期限内书面回复,录用通知失效。

(3)检查是否明确列出企业不予录用的情况,如简历有虚假成分、未按约定日期报到或员工体检不合等情况。

(4)如果企业对员工身体健康程度要求较高,应当注明只有在企业书面确认体检合格后,入职邀请函才生效。

(5)可在录用通知中,增加一些企业文化宣传,提升雇主品牌形象。

(6)可以把入职手续等各事项以正式邮件形式表述清楚,方便入职者参照执行。

二、录用通知的内容

一份完整的录用通知一般包括以下几项内容。

(1)职位基本信息,如职位名称、所在部门、职位等级等内容。

(2)薪酬福利情况,如具体薪资构成(基本工资、绩效工资、年终奖等)、试用期薪资、福利状况等。

(3)报到事宜,如具体联系方式,报到时间、地点,报告需要带的资料等。

(4)其他说明,如回复录用通知的形式、公司的培训、发展等补充说明。

> **小提示**
>
> 关键的录用条件、薪酬待遇等条款要清楚无歧义;不允许出现模棱两可的情况,否则就是存在失责行为。

下面提供一份录用通知的范本,仅供参考。

实战范本

录用通知

尊敬的_____先生/女士：

您好！很高兴地通知您，根据您在应聘过程中的出色表现，经过公司慎重评估及审核，我公司决定正式录用您，我们真诚地欢迎您加入！

以下是具体事宜：

一、入职部门：_____。

二、入职岗位：_____。

三、工作地点：_____。

四、劳动关系：

拟与您签订劳动合同期限____年，试用期____个月（可根据实习期表现申请提前转正），合同签约之日算起。

五、薪资情况：

1. 试用期税前薪资_____元/月。

2. 合同期税前薪资_____元/月。

3. 年终奖根据当年公司营业情况，最少为_____个月基本工资。

六、报到情况：

1. 报到时间：_____年____月____日（星期_____）_____点。

2. 报到地点：_____。

3. 报到联系人_____，联系电话_____。

4. 报到携带证件：

A. 身份证原件与复印件各一份；

B. 毕业证原件与学位证原件；

C. 与原单位解除劳动关系证明；

D. 1寸彩色免冠照片2张；

E. ××银行卡及复印件。

七、其他事项：

1. 在收到本录用通知后，如接受聘用，请于_____年____月____日前通过报到联系人电话回复接受本通知内容,并确定报到时间;如未在指定时间内回复,视为自动放弃。

2.根据我公司管理制度有关规定,持不实证件者,公司有权无责任解除与您的劳动关系。

_____公司人力资源部
____年___月___日

三、录用通知发出的形式

作为一种正式的要约,一般要求录用通知能以书面并加盖企业公章(或人力资源部门公章)的形式发出。正规的公司,特别是一些外资企业,大多会以正式的信函方式发出录用通知,国内一些企业有的也是通过邮件发送录用通知。

> **小提示**
>
> 求职者一旦收到了录用通知,按照要求予以了回复(邮件答复,或签字回传等),代表认可并接受该录用通知。

四、录用通知的发放流程

录用通知的发放流程可参考图4-3。

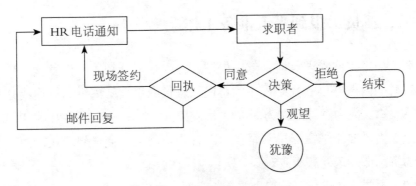

图4-3 录用通知的发放流程

第五节 员工入职报到

明确有序的入职引导，可以帮助新员工更快地融入新环境，形成企业认可的工作态度、工作习惯，并为新员工将来的工作开展打下良好的基础。

一、员工入职前的准备工作

新员工入职前1～2天，人力资源部应做好以下几项准备工作。

（1）整理报到人员个人资料，确定报到准确时间及方式。

（2）通知新报到人员应准备的物品，如本人学历证明及复印件、近期彩色照片、身份证及复印件、体检健康证明、工资发放银行卡等。

（3）做好新员工基本工作物件的发放准备，如准备好入职培训指南、员工手册等。

（4）通知用人部门领导做好新员工入职引导工作，包括介绍本部门人员、工作相关指导、流程介绍及具体工作内容。由新员工所在部门为其准备一位"入职引导人"。

（5）需要名片的部门有新进员工时，事前须印制好名片。这样在上班后的拜会时可立即使用。

二、新员工报到当天准备工作

在录用者报到受理日前，依事先制订好的受理计划表，再度确认受理程序。短时间内做好早会介绍程序的再确认、报到手续结束后的借用或分发物品的再检查。人力资源部作为受理负责部门，在当天一定要留意以下事项。

（1）当天要比平常提早到企业。因有些新进员工会早到企业，接受报到的人力资源部一定要有所应对。

（2）不要让新进员工彷徨失措，一定要准备好新进员工休息室。

(3)休息室里放置黑板,公布这一天计划的所有行程。

(4)休息室里可摆放些插花或盆景等。

三、办理新员工入职手续

对于新员工的入职手续办理,每个企业都有自己的标准和流程,人力资源部门应安排专人按企业的规章制度做好新员工入职手续的办理。

下面提供一份××公司员工入职管理规定的范本,仅供参考。

员工入职管理规定

第一条　目的

规范员工入职与试用管理工作。

第二条　适用范围

适用于公司新员工及试用期管理工作。

第三条　职责

1.人事专员负责员工入职手续的具体办理工作。

2.用人部门负责员工试用期间的督导、考核工作。

3.人事主管负责员工入职手续办理的监督及试用期的考核工作。

4.公司总经理负责员工入职录用转正的审批工作。

第四条　入职程序

1.入职前

(1)行政人员及时为新员工配备办公资产及办公用品,填写"行政手续办理清单",确定上班时间并录入打卡指纹。

(2)人事专员为新员工准备入职所需详细填写的资料和表单,扫描所需证件,所有资料放入员工档案袋统一归档。

2.报到

(1)新员工首先到行政人事部报到,详细填写员工档案,附"应聘简历表""员工信息采集表""人员聘用审批表",并提交免冠照片2张,身份证原件、学历证明原件以及相关职业资格证书等重要证件都要逐一扫描归档，以及提供与前一工作单位解除劳动关系的证明。

（2）行政人事部安排新员工到所属部门报到，由部门主管向新员工介绍导师及公司同事，导师为其安排座位、申领办公用品，并让新员工在"行政手续办理清单"上签字确认。

（3）部门主管与新员工进行交流，双方就岗位职责、职业规划等内容进行沟通了解。

（4）行政人事专员在考勤机上设置新员工个人信息（第二日开始考勤），并向新员工发放公司现有规章制度（电子版或纸质版），让其对公司有一个初步的认识和了解。

3.入职后待办事项

（1）行政人事部将组织新员工入职培训，一般需要2～3人以上才组织，培训内容包括：公司介绍、公司企业文化、公司各项制度、公司组织架构、各部门职能与关系等。

（2）所在部门负责人安排对新员工进行岗位培训，培训内容包括：部门职能、岗位职责、岗位技能等。

（3）经过培训后员工正式上岗，行政人事部主管与部门主管确定入职员工试用期及转正后的工资等级，或由总经理面试时直接根据实际情况商谈，告知新员工，并签署"新员工薪资确认单"。

（4）新员工试用期为3～6个月。试用不合格者给予劝退处理。

4.转正评估

（1）员工试用期满，新员工将转正申请提交给行政人事部。

（2）行政人事部安排转正审核，填写"员工转正审批表"，所在部门经理对其专业技能、学习理解能力、反应沟通能力等进行评估，填写"员工试用期考核表"。

（3）总经理根据所在部门主管、行政人事部的评估意见对员工转正进行审批。

第五条　附则

1.本规定由行政人事部制定，解释权归行政人事部。

2.人事部有权根据实际情况对本规定进行修订。

3.本规定自颁布之日起开始执行。

20××年×月×日

附件：

行政手续办理清单					
行政部意见	姓名		性别		部门	
^	（填写已领取的办公物资）				
^	行政办公室意见： 新员工签字： 日期：				
备注	（1）行政办公室需按公司办公用品配备制度，准确和及时地为新员工配置办公用品，确保新员工入职后能够正常工作 （2）此表填写完毕后需报行政人事部备案				

新员工薪资确认单
_____先生/女士： 　　欢迎您应聘到本公司，根据公司《薪酬管理制度》的有关规定，现将您的薪资待遇确定如下：试用期岗位工资____元/月，试用期满转正岗位基本工资____元/月。试用期工资自____年____月____日起开始计算。 　　　　　　　　　　　　　　　　　新员工确认签字： 　　　　　　　　　　　　　　　　　日期：
注：试用期不参与绩效考核，但享有公司福利津贴

四、给新员工做好入职指引

（1）帮助新员工安排好工作准备事宜，包括办公座位、办公用品、姓名牌、名片、出入卡、内部通讯录、紧急联络表、电话设置、电脑设置（包括电子邮箱的申请开通）等。

（2）告知新员工需要用到的信息，如各部门的布局、最常用的电话和电子邮箱的使用指南、岗位设备的使用等。

（3）告知新员工公司茶水间、洗手间的位置，公司周边环境的交通线路，甚至外卖是否可送上门，都可以跟员工提及，让新员工感受到HR的贴心。

（4）向全体员工介绍新员工及他的工作范围，向新员工介绍与他工作相关的人员。

（5）每位员工都或多或少，有他自己的小个性，一些相处注意事项也可以跟新员工提及以避免误会。

（6）直属上司的工作风格可以跟新员工提前说明，让新员工能尽早适应所属上司的工作方法。

五、安排新员工进行岗前培训

（1）让新员工了解公司业务、发展情况、未来发展战略等信息，增强荣誉感。

（2）编制好岗前培训教材，组织好岗前培训，比如一些公司人事管理制度、报销制度等公司规定都要在教材里明晰好，让其尽快地融入团队。

（3）让员工掌握工作中所需注意的规则与工具，业务线的基本要求和操作职守，快速适应工作职位的要求。

六、帮助新员工快速融入团队

（1）对新员工提出希望，给予足够的信任和支持。

（2）大力支持员工的职业规划。

（3）注意直接主管对新员工的影响。

（4）在一些集体活动中可以适当关注一下新员工，鼓励其发言与参与其中，避免新员工成为公司"小透明"。

（5）在新员工入职一段时间后，召开新员工座谈会，加强与新员工沟通。

相关链接

新员工入职后该做什么

1. 了解公司文化

每个新入职的员工都应该先了解公司的文化、口号、理念，与公司的目标达成一致，不要背离。否则的话，进入公司以后会不适应，这样对企业、对自己都不好。如果不能赞同公司的文化的话，可以离职。这个应该在入职之前先做了解，看看是不是你想去的地方。

2. 了解公司产品

如果一个员工连公司的产品是什么，有什么作用，能够给客户带来什么都不知道的话，那这一定不是个合格的员工。所以我们要一入公司就想方设法去了解公司的产品，做深入剖析。

3. 了解公司规章制度

要想在公司不犯错，工作顺利的话，就不要跟公司的规章制度较劲。这个在公司培训的时候应该很认真地去听，有问题和疑惑就及时提出来。毕竟每个公司的制度都不一样，这个要去适应。无规矩不成方圆，这在企业显得尤为重要。

4. 尽快融入公司环境

每到一个新公司就是一个新环境，我们要做的就是尽快去适应，和老板、同事打成一片。

5. 明白自己的职责范围

刚入公司的话不要越级处理事情，先做好自己的事情，别人请求帮忙的时候再去帮忙。

第六节 签订劳动合同

员工在公司中工作的第一个月,用人单位需要和员工签订劳动合同,这个劳动合同是非常重要的,可以保障双方的合法权益。

一、订立劳动合同的法律依据

劳动合同是劳动者与用人企业之间为确立劳动关系,依法协商达成双方权利和义务的协议。作为劳动关系建立、变更和终止的一种法律形式,劳动合同在劳动关系中,无论是对用人企业还是对劳动者都具有重大的作用及意义。我国《中华人民共和国劳动法》(以下简称《劳动法》)明确规定"建立劳动关系应当订立劳动合同""劳动合同应当以书面形式订立",可以看出,书面劳动合同是劳动者和用人企业建立劳动合同关系的唯一合法形式。

二、订立劳动合同的原则

《劳动合同法》第三条规定:订立劳动合同,应当遵循合法、公平、平等自愿、协商一致、诚实信用的原则。依法订立的劳动合同具有约束力,用人单位与劳动者应当履行劳动合同约定的义务。

三、订立劳动合同的时间

《劳动合同法》第七条规定:用人单位自用工之日起即与劳动者建立劳动关系。用人单位应当建立职工名册备查。

四、劳动合同的必备条款

《劳动合同法》第十七条明确规定,劳动合同应当具备以下条款:

（1）用人单位的名称、住所和法定代表人或者主要负责人；
（2）劳动者的姓名、住址和居民身份证或者其他有效身份证件号码；
（3）劳动合同期限；
（4）工作内容和工作地点；
（5）工作时间和休息休假；
（6）劳动报酬；
（7）社会保险；
（8）劳动保护、劳动条件和职业危害防护；
（9）法律、法规规定应当纳入劳动合同的其他事项。

具体如表4-3所示。

表4-3 劳动合同的必备条款

序号	必备条款	具体说明
1	用人单位的名称、地址和法定代表人或者主要负责人	明确劳动合同中企业一方的主体资格，确定劳动合同的当事人
2	劳动者的姓名、住址和居民身份证或者其他有效证件号码	明确劳动合同中员工一方的主体资格，确定劳动合同的当事人
3	劳动合同期限	劳动合同期限可分为固定期限、无固定期限和以完成一定工作任务为期限
4	工作内容	工作内容是指工作岗位和工作任务或职责。这一条款是劳动合同的核心条款之一，是建立劳动关系时极为重要的因素。劳动合同中的工作内容条款应当规定得明确具体，便于遵照执行
5	工作地点	工作地点是指劳动合同的履行地，是员工从事劳动合同中所规定工作内容的地点。它关系到员工的工作环境、生活环境以及员工的就业选择，员工有权在与企业建立劳动关系时知悉自己的工作地点，所以这也是劳动合同中必不可少的内容

续表

序号	必备条款	具体说明
6	工作时间	工作时间是指员工在企业、事业、机关、团体等单位中，必须用来完成其所担负工作任务的时间。这里的工作时间包括工作时间的长短、工作时间方式的确定，如是8小时工作制还是6小时工作制，是日班还是夜班，是正常工时还是实行不定时工作制，或者是综合计算工时制。在工作时间上的不同，对员工的就业选择、劳动报酬等均有影响，因此成为劳动合同不可缺少的内容
7	休息休假	休息休假是指企业、事业、机关、团体等单位的员工按规定不必进行工作，而自行支配的时间。休息休假的权利是每个国家的公民都应享受的权利。休息休假的具体时间根据员工的工作地点、工作种类、工作性质、工龄长短等各有不同，企业与员工在约定休息休假事项时应当遵守《劳动法》及相关法律法规的规定
8	劳动报酬	劳动报酬主要包括以下七个方面： （1）企业工资水平、工资分配制度、工资标准和工资分配形式 （2）工资支付办法 （3）加班、加点工资及津贴、补贴标准和奖金分配办法 （4）工资调整办法 （5）试用期及病、事假等期间的工资待遇 （6）特殊情况下职工工资（生活费）支付办法 （7）其他劳动报酬分配办法。劳动合同中有关劳动报酬条款的约定，要符合我国有关最低工资标准的规定
9	社会保险	社会保险一般包括医疗保险、养老保险、失业保险、工伤保险和生育保险。社会保险由国家强制实施，因此成为劳动合同不可缺少的内容
10	劳动条件	劳动条件主要是指企业为使员工顺利完成劳动合同约定的工作任务，为员工提供必要的物质和技术条件，如必要的劳动工具、机械设备、工作场地、劳动经费、辅助人员、技术资料、工具书以及其他一些必不可少的物质、技术条件和其他工作条件

续表

序号	必备条款	具体说明
11	劳动保护	劳动保护是指企业为了防止劳动过程中的安全事故，采取各种措施来保障员工的生命安全和健康。在劳动生产过程中，存在着各种不安全、不卫生因素，如不采取措施加以保护，将可能发生工伤事故。如矿井作业可能发生瓦斯爆炸、冒顶、片帮、水火灾害等事故；建筑施工可能发生高空坠落、物体打击和碰撞等。所有这些都会危害员工的安全健康，妨碍工作的正常进行。国家为了保障员工的身体安全和生命健康，通过制定相应的法律和行政法规、规章，规定劳动保护。企业也应根据自身的具体情况，规定相应的劳动保护规则，以保证员工的健康和安全
12	职业危害防护	职业危害是指企业的员工在职业活动中，因接触职业性有害因素如粉尘、放射性物质和其他有毒、有害物质等而对生命健康所引起的危害。根据《中华人民共和国职业病防治法》第三十三条规定，用人单位与劳动者订立劳动合同（含聘用合同）时，应当将工作过程中可能产生的职业病危害及其后果、职业病防护措施和待遇等如实告知劳动者，并在劳动合同中写明，不得隐瞒或者欺骗

五、劳动合同的约定条款

《劳动合同法》第十七条还规定："劳动合同除前款规定的必备条款外，用人单位与劳动者可以约定试用期、培训、保守秘密、补充保险和福利待遇等其他事项。"这一规定明确了劳动合同的约定条款。

1.有关试用期的约定

有关试用期的约定详见本书第五章第六节：员工试用期间的风险与防范。

2.有关培训的约定

企业可以在劳动合同里就为员工提供专项培训费用而约定服务期的问题做出规定。

（1）约定服务期的培训需具备的条件。企业可以与应聘者订立协议，约定服务期的培训，但这须符合法律规定的严格的条件。具体如图4-4所示。

- **1** 企业提供专项培训费用
- **2** 对员工进行的是专业技术培训，包括专业知识和职业技能。比如从国外引进一条生产线或一个项目，必须有能够操作的人，企业为此把员工送到国外去培训，员工回来以后担任这项工作，这样的培训就是专项培训
- **3** 培训的形式可以是脱产的、半脱产的，也可以是不脱产的

图4-4 约定服务期的培训条件

（2）违约金的约定。企业与员工要依法约定违约金，主要包含两层意思。

第一层：违约金是劳动合同双方当事人约定的结果。员工违反服务期约定的，应当按照约定向企业支付违约金，体现了合同中的权利、义务对等原则。所谓对等，是指享有权利的同时就应承担义务，而且，彼此的权利与义务是相应的。这要求当事人所取得财产、劳务或工作成果与其履行的义务大体相当。

第二层：企业与员工约定违约金时不得违法。违反服务期约定的违约金数额不得超过企业提供的培训费用。违约时，员工所支付的违约金不得超过服务期尚未履行部分所应分摊的培训费用。

（3）关于服务期的年限。《劳动合同法》并没有对服务期的年限做出具体规定。所以说，服务期的长短可以由劳动合同双方当事人协议确定。但是，企业在与员工协议确定服务期年限时要遵守图4-5所示的两点。

图4-5 企业与员工协议确定服务期年限时应遵守的事项

3. 有关保守秘密的约定

商业秘密是不为大众所知悉、能为权利人带来经济利益、具有实用性并经权利人采取保密措施的技术信息和经营信息。在激烈的市场竞争中,任何一个企业生产经营方面的商业秘密都十分重要。在市场经济条件下,企业用人和员工选择职业都有自主权。有的员工因工作需要,了解或掌握了本企业的技术信息或经营信息等资料。如果企业事先不向员工提出保守商业秘密、承担保密义务的要求,有的员工就有可能带着企业的商业秘密另谋职业,通过擅自泄露或使用原企业的商业秘密以谋取更高的个人利益。如果没有事先约定,企业往往难以通过法律讨回公道,从而使企业遭受重大经济损失。因此,企业可以在合同中就保守商业秘密的具体内容、方式、时间等与员工约定,防止自己的商业秘密被侵占或泄露。

4. 有关竞业限制的约定

竞业限制的实施客观上限制了员工的就业权,进而影响了员工的生存权,因此其仅能以协议的方式确立。比如,竞业限制的范围、地域、期限,由企业与员工约定。尽管企业因此支付一定的代价,但一般而言,该代价不能完全弥补员工因就业限制而遭受的损失。因此,为了保护员工的合法权益,《劳动合同法》第二十四条在强调约定的同时,对竞业限制进行了必要的约定。

(1)人员。竞业限制的人员限于企业的高级管理人员、高级技术人员和其他负有保密义务的人员。实际上知悉企业商业秘密和核心技术的,不可能是每个员工。如果对每人给一份经济补偿金,企业也无力承受。

(2)竞业限制的范围。竞业限制的范围要界定清楚。由于竞业限制了员工的劳动权利,竞业限制一旦生效,员工要么改行要么赋闲在家,因此不能任意扩大竞业限制的范围。鉴于商业秘密的范围可大可小,如果任由企业来认定,难免有被扩大之虞。原则上,竞业限制的范围、地域应当以能够与企业形成实际竞争关系的地域为限。

(3)约定竞业限制必须是保护合法权益所必需。竞业限制的实施必须以正当利益的存在为前提,必须是保护合法权益所必需。首先是存在竞争关系,最重要的是不能夸大商业秘密的范围,员工承担义务的范围不能被无限制地扩张,以致损害员工的合法权益。

（4）竞业限制的期限。在解除或者终止劳动合同后，受竞业限制约束的员工到与本企业生产或者经营同类产品、从事同类业务的有竞争关系的其他企业，或者自己开业生产或者经营与本企业有竞争关系的同类产品、从事同类业务的期限不得超过两年。

5.有关福利待遇的约定

（1）薪资奖金调整的约定。《劳动合同法》第三十五条规定，变更合同约定内容需要企业与员工协商一致并以书面方式进行，因此调整薪资并不是企业单方说了算。除非有法定理由，否则降低薪资需要员工同意。

这在一定程度上限制了企业的用工管理自由，企业必须做出必要的安排才能达到奖优罚劣的目的。

企业在劳动合同里可以把变更合同转换为履行合同的行为，比如约定奖金随个人绩效浮动的方法，或者薪资在达到一定条件、成就时自动调整的方法。这样约定后，将来的薪资调整不再是变更合同的行为，而是如约履行合同。其合法性的前提是得到双方事先的一致同意，是双方合意的安排。

（2）薪资随岗位调整的约定。以合法理由调整岗位时是否可以同时调整薪资，法律并没有明确的规定。有些人认为可以，有些人认为不可以。认为可以的理由是同工同酬，认为不可以的理由是变更合同需要协商一致书面确定。无论如何，这是个法律规定的模糊地带，企业可以在劳动合同里进行适当填补。

劳动合同可以约定，企业在合理调整员工的岗位时，有权相应地调整薪资，其薪资按照新岗位标准执行。

第七节 入职试用培训

为加强新入职员工的管理，使其尽快熟悉企业的各项规章制度、工作流程和工作职责，熟练掌握和使用本职工作的设备和办公设施，达到各岗位的工作标准，满足企业对人才的要求，企业还需做好新入职员工的培训工作。

一、新员工的培训需求

入职培训是企业人力资源开发的重要手段，是现代组织人力资源管理的重要组成部分，实施员工入职培训有利于提高员工的个人素质和工作能力，从而提高组织的整体水平和工作效率。

一般来说，新员工入职培训需求主要如表4-4所示。

表4-4 新员工入职培训需求

序号	类别	具体内容
1	公司的背景	（1）公司经营理念和发展目标：公司宗旨、特征和运行模式 （2）公司管理架构和运作机制：公司组织结构、各级管理人员、制度介绍、各部门基本工作程序 （3）公司行业介绍：公司的优劣势、主要竞争对手、市场划分和公司近来营运状况 （4）公司基本规章制度：员工餐厅管理条例、员工宿舍管理条例、员工手册等各项管理制度
2	岗位情况	（1）公司各部门各岗位工作标准与要求 （2）员工上下班的规定 （3）公司是否提供各岗位的书籍
3	发展前途	（1）入职培训项目及时间安排 （2）是否提供英语培训 （3）员工有哪些培训机会 （4）晋升员工的依据与标准 （5）员工调动、升职的机会与灵活性
4	待遇与工作	（1）培训期间工资如何计算 （2）休假是如何安排 （3）劳动合同何时签，办理哪些保险 （4）员工薪金、福利、伙食、住宿条件 （5）有哪些员工活动
5	其他	（1）新员工遇到困难时怎样与领导沟通 （2）员工的投诉能否得到公正处理

新员工希望接受的培训项目如表4-5所示。

表4-5 新员工希望接受的培训项目

序号	类别	具体内容
1	岗位方面培训	岗位业务知识、岗位技能操作、岗位态度、所在部门的专业培训、岗位英语
2	与岗位相关培训	仪容仪表、个人素质培训、服务意识、超前服务与管理发展训练课程、意外情况处理技巧、社交能力、接待来客的培训、推销技巧、电话接听技巧
3	其他培训	电脑培训、语言培训、管理培训、消防知识培训、新知识培训

二、培训前的准备

企业在新员工培训前，需做好表4-6所示的准备工作。

表4-6 新员工培训前的准备

序号	类别	说明
1	新员工培训资料袋	培训部应该准备好相关的资料，如公司的背景资料、公司产品基本知识、公司员工手册、新员工入职培训课程表、新员工岗位培训检查表、新员工培训教材及公司相关图片等
2	新员工背景资料	这主要是给培训部门自身准备的，让培训部门或人员了解其所培训对象的基本情况，如社会背景、工作阅历、学历水平等，以此来确定培训课时的长短、培训内容的深浅及培训方式等
3	新员工培训前调查问卷	对新员工培训前所关心的培训事宜进行调查，以便能及时解决新员工的疑难之处，使新员工能切实感受到公司对员工的重视与爱护，从而使员工产生一种归属感和认同感
4	新员工培训课程日程表	在上课前应给每位员工提供一份培训日程表，让新员工能主动参与到培训课程当中，如新员工知道下午要培训的课程，便能有意识地去阅读相关资料，从而可以将培训的时间缩短
5	签到表	在培训课前须打印出一份新员工入职培训签到表，将培训项目罗列出来，然后每上完一节课或在上课前让参加培训的员工进行签名确认，证明其已接受过相应的培训课程，同时也分期归入培训档案

三、培训后的评估

在培训结束后,培训人员或培训部须向人力资源部提供一份受训人员在培训期间的评估表,记录受训人员在受训期间的各种表现及存在的问题,并结合培训结束后的考核来对每位新员工进行评估并就员工的使用给人力资源部提出建议。

新员工培训后的工作如表4-7所示。

表4-7 新员工培训后的工作

序号	工作项目	说明
1	新员工入职培训评估	针对新员工在培训期间的言行举止表现来对其是否适合公司工作或其适合程度进行评判,当然这是综合的评估,也应包括其理论考试在内
2	培训课程效果调查	让受训人员来对培训人员或培训部进行不记名的问卷调查,就培训课程设计、培训方式方法、培训时间、地点、培训人员对课程的掌握与培训效果等进行调查
3	培训座谈会	在培训课程结束后就召开一次座谈会,让大家坐在一起,创造一种平和的氛围,让员工感受轻松,同时也可收集一些意见与建议,及时解决员工在培训期间碰到的问题,增进大家的沟通和理解
4	办理相关手续	当员工培训考核合格后,培训部会将相关手续转到人力资源部,由人力资源部安排其正式入职的相关手续,如制作工作卡、考勤表等,同时不及格者不予录用
5	新员工入职岗位培训跟踪	新员工入职培训不仅局限于上岗前的几天培训,而应包括新员工分配到相关部门再到转正期间的培训。培训部人员要对各岗位培训进行跟踪与督导,及对新员工日常言行举止定期或不定期抽查、巡查

> **小提示**
>
> 通过入职培训效果评估,可以及时检验入职培训的效果,了解学员的学习情况,同时对学员的学习也起到促进作用,调动他们学习的积极性,保障入职培训的知识及时吸收和消化。

四、新员工培训误区

很多公司都能做到新员工入职培训这一部分,但培训效果却不尽如人意。有的公司仅是培训一天或两天,最普通的就是参观公司,讲解员工手册与公司的一些基本规章制度。

公司对新员工的培训,经常存在以下几个方面的误区。

1. 培训内容简单

有些公司虽然也安排了新员工培训,但是培训内容过于简单,使新员工无法准确了解公司的基本情况,从而影响工作热情。

2. 培训程序有误

由于公司营业的需要,有相当部分部门一旦听到招到了新员工,便马上以工作忙人手不足为借口,要求人力资源部门将人员分配到部门中,而不顾及对新员工的培训。人力资源部为了协调关系,也同意新员工马上上岗,等有时间再来参加培训,这种无序的培训容易给培训部门带来不必要的麻烦,影响培训效果。

因为公司招新员工时往往是多个部门一起招的,如果有的部门很忙,而有的部门又相对闲一些,那么培训部门起码要对他们进行分别培训,这会增加培训的次数与时间成本。此外部门没有接受培训而已上岗的新员工究竟何时有时间来参加培训,部门选择的培训时间是否会和培训部门的工作时间相冲突,这些都是对新员培训无序所导致结果。

3. 培训没有规范

有些公司的新员工培训只是按照过去的习惯进行,而没有形成制度化的规范,使得培训工作"无法可依",因而经常发生问题。

相关链接

打破新员工入职培训的陌生感

新员工来到一家新公司,他们最怕遇到孤立、排外等情况。所以我们在组织实施新人培训过程中,要努力打破这个障碍——陌生感。员工会强烈渴望能快速了解企业的现状,企业的发展方向,自己在企业之中能够付出什么,能够遇到哪些机会,又能收获什么……简单来讲,只需做好以下几步。

1. 营造团结温暖和谐氛围

从心理学分析来看,一个人突然来到一个陌生环境,首当其冲就是对环境和别人的不适应,所以我们要想新人能快速融入企业大家庭、部门这个团队,就必须在氛围上突出相互关心的温暖氛围。

2. 上下级之间的经常性沟通

作为 HR 或部门管理者,要主动关心帮助新入职员工,在其工作技能不娴熟、胆怯或工作成效缓慢时进行工作沟通,加强对他们了解,以便更好地帮助其尽快适应工作要求和公司文化。

3. 定期组织新员工与老员工之间的工作交流会

很多公司错误的做法是,为了提升新老员工的互动,在没有任何铺垫的情况下,直接把新人引入老员工的团队中,任由其自生自灭,这种做法必然导致陌生感加剧,新人被排挤的可能性上升,加速新人的流失。而正确的做法是,倘若新人较多时,在前期可以自成一组编队管理,选派有责任心、敢于担当的优秀员工或管理者领导,待新人逐渐适应了职场环境、生活环境后,再解散新人团队编入部门团队。这样新老员工之间的陌生感就会相对减弱,排挤对方的可能性会降低,有利于团队整体管理和新人留存。

4. 鼓励新人多提问、多发言,运用头脑风暴和民主研讨的培训教学模式

很多企业在培训新人时,大多数以课堂讲授式为主,就像应试教育,导致培训效果不佳,新人自己也反感别扭。所以作为培训者要抓住新人对公司的需求,要学会运用民主研讨和头脑风暴式的互动分享方式进行培训。

实战范本

××公司招聘流程完整体系

一、企业背景

××公司是国内知名的皮鞋运营商及零售商,历经30多年风雨沉浮沧桑变迁,现在已经成为中国最大的制鞋企业之一,品牌价值达200多亿元。由于经营有方,成效卓著,为了进一步扩大企业规模,××公司于2012年正式上市。××公司注重创新和打造品牌口碑,建立了多个研发中心和制造基地,创立多个自有品牌,并成功收购了意大利某知名品牌的大中华区品牌所有权。2015年,××公司与美国第一时尚运动品牌公司携手并进,合作共赢,进军运动板块。

这样的一个大型实体企业,在人员招聘方面,是如何做好规划,筹谋流程,多管齐下,从而吸纳社会各界人才,招贤纳士,为其所用的呢?

二、具体流程

在公司的人才招聘过程中,××公司设计了一套严谨、专业的流程(如下图),在招聘工作启动前,对公司的人才需求进行充分分析,招聘计划进行统筹规划,从而保障后续工作的顺利进行,真正实现举善荐贤。

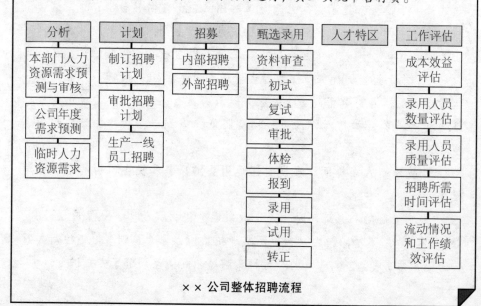

××公司整体招聘流程

1.人力资源需求分析

××公司在进行一系列招聘前,会进行人力资源需求的分析。如需要什么人、哪里需要人、需要多少个,这些都会放在这一环节进行分析。

(1)本部门人力资源需求预测与审核

部门负责人需要考虑的内容包括:实现本部门年度目标所需人员总数与结构、现有人员总数与结构、流出人数与方式(辞职、退休、辞退、轮岗等)、流入人数、时间与方式(内招、外招)及其原因分析。

(2)公司年度需求预测

人力资源部门综合考虑公司发展、组织机构调整、员工内部流动、员工流失、竞争对手的人才政策等因素,对各部门人力资源需求预测进行综合平衡,制订公司年度人力资源需求预测。

(3)临时人力资源需求

各部门负责人填写"临时招聘申请表",说明部分人力资源需求未列入年度预测的原因,经主管人力资源副总和总裁审批,由人力资源部门进行组织实施。

2.拟定招聘计划

(1)制订招聘计划

招聘计划是由人力资源部整体筹划,其内容应包括招聘岗位、人数及资格要求(年龄、性别、学历、工作经验、工作能力、个性品质等);招聘渠道和方式;招聘测试内容和实施部门;招聘结束时间和新员工到岗时间;招聘预算,包括招聘广告费、交通费、场地费、住宿费、招待费、出差津贴及其他费用等。

(2)审批招聘计划

这一步需要提交总裁办公会审批。

(3)生产一线员工招聘

在××公司这种大型的实体企业,除了各类职能销售岗位,还需要招聘大量的一线工人。生产线由生产管理部管理,其下属的综合管理科会组织各分厂厂长,进行年度生产工人的需求预测和拟订招聘计划。

3.人员招募

人员招聘，根据其来源不同，可以分为内部招聘和外部招聘。××公司为提高员工对公司的忠诚度和满意度，惯例是内部招募优先。

（1）内部招聘

××公司会在尊重用人部门、应聘员工及其目前所在部门意见的前提下，进行内部招募，为供求双方提供双向选择的机会。

内部招募的主要方法有推荐法（经本部门负责人推荐）、公告法（使全体员工了解职务空缺，通过竞聘选拔）等。公司各部门科室经理以上人员可实行竞聘方式。在内部招募不能满足职位要求时，公司会进行外部招募。

（2）外部招募

外部招聘即是面向社会、面向校园进行全面招募，通过层层筛选，选择出符合职位要求的任职人员。××公司的外部招募方法有以下几种：

a.员工推荐：××公司鼓励员工推荐优秀人才，由人力资源部本着平等竞争、择优录用的原则按程序考核录用，也就是所谓的"内推"。

b.媒体招募：通过大众媒体、专业刊物广告、相关网站发布招聘信息，如BOSS直聘、前程无忧等招聘网站。

c.招聘会招募：通过参加各地人才招聘会招募，如各地人才市场。

d.校园招募：每年春季，××公司将招聘信息及时发往有关学校毕业分配办公室，并有选择地参加专业对口的院校人才交流会。

e.委托猎头公司招募：××公司部门经理（含品牌总监）以上管理人员、子公司负责人和营销总公司部门负责人及分公司经理可委托猎头公司招募。

4.人员甄选录用

××公司的甄选录用是按照以下流程进行的。

（1）资料审查

公司人力资源部和生产管理部综合管理科根据招聘岗位的要求，对收集到的应聘者个人资料进行审查，审查内容包括：年龄、学历、工作经历、专业技能、语言等。将不符合要求的资料剔除，其中适合其他岗位的资料推荐给相关岗位的部门，对符合要求的资料送交用人部门进行审核，审核认可的由人力资源部门负责通知初试。

（2）初试

初试负责人/测评小组根据事先设计的内容对应聘者进行测试，根据测试对象的不同可采取笔试或面试或组合方式，并做好初试记录，初试负责人综合小组意见，在"应聘人员初试测评表"意见栏中填写评语和意见。初试合格者，给予"同意复试"意见，进入复试；初试不合格者，给予"不予考虑"意见，应聘者被淘汰。

（3）复试

复试负责人/测评小组根据事先设计的测评内容对应聘者进行复试，复试一般采用面试方式，并做好复试记录。复试负责人综合小组意见在"应聘人员复试测评表"意见栏填写评语及意见。复试意见分为"同意聘用""不同意聘用""建议考虑其他岗位"三种。

（4）审批

有关责任人（总裁办公会、人力资源委员会、董事会）综合考虑各方面因素，进行审批。同意聘用的由人力资源部门负责通知；不同意的淘汰；建议考虑其他岗位者，由人力资源部门与推荐岗位所在部门协调，另外安排测试。

（5）体检

同意聘用的外部应聘者应在审批后到公司指定的医院参加指定项目的体检，体检合格方可上岗；体检不合格，取消录用资格。

（6）报到

同意聘用的应聘者应在规定时间内来公司报到，特殊原因需延迟的须向公司提前申请批准。如在通知规定时间内不能报到又未申请延期者，可取消其录用资格。

对于内部招聘的员工，批准录用后应在一周内做好工作移交，并到人力资源部门办理调动手续，在规定的时间内到新部门报到。内部应聘员工可不参与体检流程。

（7）录用

应聘人员报到后，签订试用合同，成为公司试用员工。员工必须保证向公司提供的资料真实无误，若发现虚报或伪造，公司有权将其辞退。

（8）试用

员工上岗都应经过试用期，试用期为三个月，试用期内享受试用期待遇。用人部门和人力资源部应对试用期内的员工进行考核鉴定。试用期内表现优异，可申请提前转正，但试用期最短不得少于一个月。试用期满未达到合格标准，公司人力资源部与用人部门根据实际情况决定延期转正或辞退，延期时间最长不超过两个月。

（9）转正

试用期满合格，填写转正申请，办理转正手续，签订正式劳动合同。同时用人部门和人力资源部门应当为转正员工定岗定级，提供相应待遇；制订员工进一步发展计划；为员工提供必要的帮助和咨询。

5. 人才特区

人才特区面向的范围是具有突出专长的设计人员、高级策划人员、营销专家和其他专业人员。该招聘方式的设想是，人才应在该领域已取得了令人瞩目的成绩，预期可为公司带来显著的效益。

这类招聘往往采用委托中介机构（如猎头公司）、从竞争对手处挖掘、国内研究机构和院校或直接赴国外招聘或其他渠道。由公司总裁、至少两名相关领域的专家、公司其他相关的高层管理人员组成的专家组，负责测评进入特区的高级人才，测试内容、测试方式由专家组根据相关岗位职责和要求决定。

这一招聘方式的特点是为降低高薪聘用特区人才的风险，公司制定薪酬与业绩挂钩的聘用合同。通过人才特区招进的高级优秀人才可不经过试用而直接聘任到岗。

6. 招聘工作评估

每次招聘活动结束后，人力资源部都会对招聘结果进行认真分析，以总结经验，并寻找改进措施。对招聘结果从以下几个方面进行评估。

（1）成本效益评估

对招聘成本、成本效用等进行评价，如下表所示。

××公司招聘成本效益评估

评价类型	计算方法	指标含义
单位直接招聘成本	招聘直接成本/录用人数（直接成本包括：招聘人员差旅费、应聘人员招待费、招募费用、选拔费用、工作安置费用等）	反映了人力资源获取的成本
总成本效应	录用人数/招聘总成本	反映了单位招聘成本所产生的效果，可以对总成本分解，分析不同费用产生的效果

（2）录用人员数量评估

录用人员数量评估主要从录用比、招聘完成比、应聘比三方面进行，如下表所示。

××公司录用人员数量评估

评价类型	计算方法	指标含义
录用比	录用人数/应聘人数×100%	指标越小，说明录用者素质可能越高
招聘完成比	录用人数/计划招聘人数×100%	反映了在数量上完成任务情况
应聘比	应聘人数/计划招聘人数×100%	反映招聘信息的发布效果

（3）录用人员质量评估

录用人员质量评估是对录用人员在人员选拔过程中对其能力、潜力、素质等进行的各种测试与考核的延续。

（4）招聘所需时间评估

招聘所需时间＝提出需求到实际到岗所用时间/用人单位期望到岗时间×100%，该指标反映招聘满足用人单位需求的能力。

（5）流动情况和工作绩效评估

××公司流动情况和工作绩效评估

评价类型	计算方法	指标含义
可靠性评估	通过对同一应聘者进行两次内容相当的测试，比较测试结果	若相关程度越高，说明该方法稳定性和一致性越高
有效性评估	比较被录用后的绩效考核分数与录用前的选拔得分	如果两者相关性越大，说明所选的测试方法、选拔方法越有效

三、经验总结

××公司在多年的招聘中,取得了良好的招聘效益,企业蒸蒸日上,从他的招聘流程中进行成功的经验总结,大致如下。

1. 广拓途径,求贤若渴

笔者了解到,××公司采用的招募渠道较广,多管齐下,效果卓著,在某年的上海国际人才交流会上,××公司积极参加,招聘到了相当满意的 CEO 人才。

2. 内部招聘,能者居之

××公司为了充分挖掘内部人才的潜力,在岗位空缺时,在内部选拔优秀人才。人力资源部首先在公司内部网络和食堂门口的告示牌上发布通知公告,同时广泛进行口头动员。其次举行竞聘演讲和答辩会。竞聘者将对自己的项目规划和改革方案进行展示。演讲完毕后,与听众进行提问回答环节。竞聘会结束后,评委综合考虑其平时工作表现和展示效果、预期方案,展开讨论,进行筛选,采取少数服从多数的程序表决,确定候选人,并报总裁办公会决定。最后由人力资源部对整个竞聘活动进行总结,不断完善竞聘方案。

【疑难解答】▶▶▶

[Q/A] 新员工入职时,有必要对其联系方式进行审查吗?

答:随着通信手段日新月异,企业在和员工日常交流中,邮件、微信、QQ 等联系方式非常常见。但微信、QQ 等的信息储存介质不同于书面,电子数据存在易被篡改性,当企业拿出微信或 QQ 聊天记录作为证据时,员工首先可能会说这不是我的。那么从用人单位举证的角度来讲,就需证明这个 QQ 或微信就是劳动者本人的。

所以,如果微信、QQ 可能与今后劳动合同履行直接相关,不妨在入职时让员工对这个微信、QQ 进行签字确认。

比如,可让员工签署这样的送达条款:

公司向员工送达各类通知的电子邮件地址为_____,员工接收公司各类通知的电子邮件地址为_____。所属的手机号、QQ 号、微信号，亦为接收公司各类通知时的有效联系方式，具有与电子邮件相同的送达效力。当上述个人联系方式发生变更或出现无法正常使用的情况时，应及时以书面形式通知公司，否则由本人承担相应的不利后果。

签署了这样的送达条款，若今后发生意外情况，如通过短信或快递的方式无法将解除劳动合同的通知送达给员工，万不得已时，也可以考虑通过邮件、微信、QQ 等形式。在举证时可以以此举证入职时登记过员工的邮箱、微信、QQ 等，可以证明送达的就是员工本人，也可以通过公证等手段，证明解除劳动合同送达的就是本人，送达的过程是真实有效的，这对于用人单位的举证责任是有力的补充。

哪些职位需要做背景调查？

答：现实中，并非所有的职位都要做背景调查。除了一些财力雄厚的公司会对所有入职员工进行背景调查之外，一般情况下，企业只会对以下职位开展背景调查。

1. 涉及资金管理的职位

如会计、出纳、投资和预算等岗位，该类型的岗位掌握着公司的资金、成本、亏损和盈利的数据，一旦出现贪污和泄露，会对公司整体运作造成严重影响。

2. 涉及公司核心技术秘密的职位

如高级工程师、架构师、产品经理、设计师、配方师、薪酬经理、法务经理、商务经理、客户经理等。核心技术秘密关系到企业的生存问题，一旦被竞争对手弄到手，企业就会出现重大生存危机。所以，企业招聘这类人员时都会非常谨慎，会做详细的背景调查。

3. 中高层管理职位

如董事长、CEO（首席执行官）、总经理、销售总监、运营总监、财务总监等职位。这些职位主要涉及企业的战略方向和运营管理，且企业的重要决策、核心客户资源都掌握在这些人员手上。如果这部分人员有问题，整个企业的资金链、经营业绩及公司声誉都会受到极大影响。所以，大多数企业都会对中高层岗位候选人做背景调查。

4. 部分基层岗位

如门卫、保洁、司机、秘书、助理等职位。这些岗位虽然职位不高，但位置很紧要，能接触到大量的敏感信息，而且有些还掌握老板的动态和安危，非常重要，所以一定要做好背景调查。

比如保安员，如果职业品德有问题，之前有前科，不仅不会为公司安全提供保障，还可能会"引贼入室"，伙同他人窃取公司财产；再如保洁员，经常在领导的办公室里收拾整理，如果是商业间谍，获取商业机密就跟逛街一样简单。

 应聘人员要的薪酬公司给不了，怎么进行洽谈？

答：薪酬谈判要达到两个目标：一是吸引与激励人才；二是保证内部员工的公平。这两点是薪酬谈判的出发点，必须把握好两者的平衡。

HR 不要一味地坚持以内部的标准去进行薪酬谈判。如果公司的薪酬水平远远低于市场平均水平薪酬一开出来就可能把应聘者给吓跑了。或者经过一轮"拉锯战"后，给出的薪酬已经接近市场水平，但是应聘者已经在薪酬谈判的过程中产生很大的挫折感，对企业也丧失了原有的信任与信心，最后导致 HR "到了嘴边的鸭子又飞了"，这是吃力不讨好的事情。

薪酬要体现应聘者本身的市场价值，包括其素质、能力、经验与过往业绩状况。如果候选人经验丰富、能力很强，薪酬水平应相应提高，反之则适当降低。

关键要看公司的薪酬标准，看有无弹性。如果真是公司所需的优秀人才，可考虑向领导申请特批待遇。

 谈薪有哪几个恰当的时间点？

答：一般薪酬谈判都要经过 2～3 次以上，而非一蹴而就的。

在每一次薪酬沟通之后，如果应聘者有异议并要求薪酬提升，不应立即回复，最好有 1～2 天作为缓冲。让对方知道企业的薪酬调整是需要内部审批的，制造一种"艰辛得来"之感，让对方自动降低期望。

当薪酬明显超出公司薪酬标准时，可要求对方其提供原单位薪酬记录（工资条、存折），或坚持薪酬底线，中止薪酬谈判，给对方一定的考虑时间，隔一段时间再询问其意向，同时继续物色其他候选人。

企业发了录用通知又反悔，需要承担责任吗？

答：录用通知作为企业向拟录用劳动者发出希望与之建立劳动关系的意思表示，

是企业招聘的最后一个环节。录用通知虽然不是劳动合同，不能说明企业与劳动者已建立劳动关系，但是，企业仍不能随意撤回或变更录用通知。

在法律实践中，有些录用通知因明确表明录用意愿、入职时间、工作岗位、工作报酬等内容而可被视为一种规定了承诺期限的要约，只要拟录用劳动者在规定的期限内做出承诺，该要约就会对企业产生约束力。

所以，当企业发了录用通知又反悔，不与拟录用劳动者建立劳动关系的，根据《中华人民共和国民法典》的相关规定，企业应承担缔约过失责任，即对拟录用劳动者造成损失的，且该损失能被证明的，应当给予赔偿。

如何从新员工角度来设计入职培训？

答：企业应从新员工的角度来设计有效的入职培训项目。对于同一件事情，老员工可能会认为这只不过是小事一桩，但新员工可能会对此感到十分不安和敏感。所以，从新员工的角度来看待他们的经历，会使你在设计员工培训时融入一些你原本认为并不重要的细节。

比如，一家建筑设计公司的 HR 在改进公司入职培训项目时，就会从新员工的角度来看待这一流程。他会从新员工的角度来对他们想知道或需要知道的任何事情进行头脑风暴，如"我从哪儿可以领到铅笔""项目计划是如何运作的"等。

第五章

招聘风险控制

导言

招聘的最直接目的就是弥补企业人力资源的不足，招聘也就成为当前企业发展不可缺少的一个环节。在实践中，很多企业往往认为自己有着录用的主动权，但同时也忽略了招聘过程中可能面临的法律风险。

第一节　撰写招聘广告的风险与防范

招聘广告是企事业单位招录人才的一种重要的宣传方式，但撰写与发布不规范的招聘广告，不仅会影响企事业单位的声誉，更会带来一定的法律风险。

一、招聘广告的法律性质

劳动合同的订立需要经要约和承诺两个阶段，双方当事人经过要约、承诺，意思表示达成一致，劳动合同成立。用人单位发布的招聘广告，其性质如何，似乎存有争议。有人认为其为要约，而有人认为其为要约邀请。要约是指期望他人与自己订立合同的意思表示，而要约邀请则是期望他人向自己发出要约的意思表示。两者的区别在于图5-1所示的四个方面。

1. 要约是订立合同的必经程序，要约邀请则不是
2. 要约通常只能向特定的受要约人发出，要约邀请则不受此限制
3. 要约的内容应当具体明确，包含拟订立合同的主要条款，而要约邀请则不包含
4. 要约的目的是希望和他人订立合同，而要约邀请则是希望他人向自己发出要约

图 5-1　要约与要约邀请的区别

总而言之，要约与要约邀请之间最大的区别在于，要约人与要约邀请人的法律地位是不同的。招聘广告的法律性质应为要约邀请而非要约，即用人单位发出招聘广告后并不具有受约束的地位，而是通过招聘广告吸引应聘者

前来应聘,用人单位则享有是否与应聘者建立劳动关系以及与谁建立劳动关系的权利。但是,用人单位应该对招聘广告中的承诺予以慎重。其原因如图5-2所示。

招聘广告的内容如果明确,从形式上符合要约的要求,并且应聘者对于要约邀请的内容产生了合理的信赖,也可能被认为具有法律约束力

诚信原则是订立劳动合同的基本原则,如果善意的应聘者对于招聘广告中的内容产生了合理的信赖并因此递交简历、求职申请,甚至自费"长途奔袭"参与面试等支出一定的费用,而用人单位却因过失甚至恶意的行为导致应聘者损失,则应该承担相应的赔偿责任

在劳动合同的协商订立阶段,双方当事人都应该遵守诚信原则,如果用人单位违背诚信原则进行虚假陈述则有可能构成欺诈,应承担相应的法律责任

图 5-2 用人单位招聘广告中承诺应慎重的原因

二、招聘广告发布的信息应该真实

《就业服务与就业管理规定》第十四条和第六十七条明确规定,用人单位招用人员不得提供虚假招聘信息,发布虚假招聘广告;用人单位违反该规定的由劳动保障行政部门责令改正,并可处以一千元以下的罚款;对当事人造成损害的,应当承担赔偿责任。

《人才市场管理规定》第二十四条规定:"用人单位公开招聘人才,应当出具有关部门批准其设立的文件或营业执照(副本),并如实公布拟聘用人员的数量、岗位和条件。"

由此可见,用人单位应本着诚实信用原则,避免构成欺诈。如果被认定为欺诈,则签订的劳动合同会被认定为无效或部分无效,劳动者可随时提出与用人单位解除劳动合同,用人单位还需支付经济补偿金,对劳动者造成损失的,还应当承担赔偿责任,且用人单位还可能被劳动保障行政部门罚款。

三、招聘广告的内容应该契合招聘岗位的需求

《就业服务与就业管理规定》第十一条第二款明确规定:"招用人员简章应当包括用人单位基本情况、招用人数、工作内容、招录条件、劳动报酬、福利待遇、社会保险等内容,以及法律、法规规定的其他内容。"

此外,招聘广告中还应包括报名的方式、时间、地点等信息,但这些信息等并不具有法律上的意义,仅仅起到事实的通知作用。

尽管招聘广告是要约邀请,原则上对用人单位并不具有拘束力,但是招聘广告中的岗位信息以及应聘人员的基本条件等则是可能产生法律效力的。岗位信息实际上是确定人员招聘的前提条件,而且应聘者通常会针对招聘广告所公示的某个具体岗位提出求职申请。因此,当用人单位经过面试甄选确定录用人员时,其岗位的确定原则应该符合招聘广告的要求。

对应聘人员基本条件的要求,对于用人单位考核录用人员具有重要的意义。因为《劳动合同法》第三十九条规定,在试用期间被证明不符合录用条件的,用人单位可以解除劳动合同。但最高法院的司法解释说,如果辞退职工,应由用人单位一方举证证明员工不符合录用条件。而何谓录用条件,尽管存在争议,但是用人单位的招录条件通常被视为录用条件的重要内容。因此,用人单位应该尽量明确录用条件。

四、招聘广告应细化岗位职责

关于招聘广告中岗位职责的细化问题,不仅关系到用人单位招什么样的员工、具体工作职责等,还是日后考核、解除劳动合同的重要依据。《劳动法》第二十六条规定,劳动者不能胜任工作是用人单位解除劳动合同的法定依据,因此在招聘广告中清晰表述岗位职责的要求,可以减少日后解除劳动合同的争议,降低用人单位人力资源管理工作的风险。

五、招聘广告应避免就业歧视

就业歧视是指没有法律上的合法目的和原因而基于种族、肤色、宗教、政治见解、民族、社会出身、性别、户籍、残障或身体健康状况、年龄、身

高、语言等原因,采取区别对待、排斥或者给予优惠等任何违反平等权的措施侵害劳动者劳动权利的行为。

招聘广告应避免就业歧视,具体要求如图5-3所示。

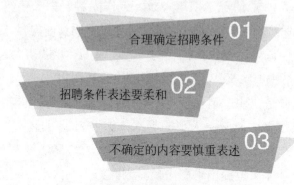

图5-3　招聘广告避免就业歧视的要求

1.合理确定招聘条件

就业歧视是对劳动者平等权的侵害,如果企业想避免其招聘广告所确定的条件构成就业歧视,就应该承担证明其招聘条件具有正当性和合理性的责任。因此,岗位特点、就业需求是确定招聘条件的重要因素。

2.招聘条件表述要柔和

在招聘广告中对于招聘条件表述尽量柔和,避免采用非此即彼,多使用"优先""择优"等字眼,少用"用于""不用"等表述。

比如,可将"只限××专业"改为"××专业优先",避免刚性表述,体现出企事业单位在招聘过程中是基于对应聘者进行评估和考核之后的合理选择,而非基于某一个刚性标准。

3.不确定的内容要慎重表述

对于招聘广告中的部分内容,用人单位如果无法确定是否可能涉及就业歧视,应该慎重表述或者不表达。

总之,用人单位招聘广告应该语言精练、表达准确,而并非越多越好。尤其是对于部分内容存在模糊状态的情形下,用人单位更应该慎重,应该选择更为柔和的语言或其他更为恰当的方式表述。

经典案例

就业歧视引发的纠纷

梁某于2015年2月6日取得中式烹调师三级/高级技能职业资格证书，2015年6月28日在"58同城"网站上看到某食品公司发布招聘厨房学徒的广告，该广告中并无明确性别要求。梁某于2015年6月29日前往该酒楼应聘，填写了入职申请表，但该酒楼未对其进行面试，酒楼称当时因厨房学徒一职已经招满故没有安排梁某面试。梁某于2015年7月在同一网站上再次看到该食品公司发布同一岗位的招聘广告，招聘广告在招聘条件上载明"招收18～25岁男性厨房学徒"。梁某遂以酒楼、食品公司侵犯其就业平等权为由起诉到法院，法院一审判令食品公司与酒楼赔偿梁某精神损害抚慰金2000元，诉讼费24元。梁某与食品公司、酒楼都不服一审判决，提出上诉。二审法院驳回上诉维持原判。

点评：

梁某于2015年6月29日前往应聘厨房学徒一职，但酒楼方未安排梁某面试，并主张当时厨房学徒已经招满，但酒楼梁某应聘之后不足一月又继续在同一网站发布同一职位的招聘广告，并将招聘广告中的应聘条件中加以明确为"男性"。可见，食品公司、酒楼无论在发布招聘广告中抑或是实际招聘过程中，是直接以梁某的性别为由拒绝梁某应聘，拒绝给予梁某平等的面试机会，已经构成了对女性应聘者的区别及排斥，侵犯了梁某的平等就业的权利。

第二节　招聘过程中的风险与防范

实际操作中一些用人单位习惯地认为招用员工是自己的事情，聘用谁，不聘用谁，怎么聘用，自己有绝对的自主权。但实际上，虽然用人单位依法享有自主用人的权利,但同时招工录用行为也受到法律的约束。

一、依法履行告知义务

《劳动合同法》第八条规定:"用人单位招用劳动者时,应当如实告知劳动者工作内容、工作条件、工作地点、职业危害、安全生产状况、劳动报酬,以及劳动者要求了解的其他情况;用人单位有权了解劳动者与劳动合同直接相关的基本情况,劳动者应当如实说明。"

1.录用条件的告知

在实际工作中,录用条件的告知一般是在招聘广告中完成的,广告中不够详细的内容则由HR口头告知应聘者。而对于没有通过媒体、劳动力市场、招聘网站等公开方式招聘的岗位,录用条件的告知则更加简单和不规范。如果劳动者不知道录用条件,则对于用人单位是非常不利的。即便劳动者不符合录用条件,用人单位此时也不能解除劳动合同,因为劳动者完全有理由主张不知道录用条件的要求,为此不能履行自己的劳动义务。用人单位一定要保证在劳动者入职时即明确知道录用条件,具体形式有图5-4所示的五种。

① 通过招聘广告来公示,并采取一定方式加以固定,以免在争议发生时处于被动地位

② 招聘劳动者时向其明示录用条件,并要求劳动者签字确认

③ 发送聘用通知时向劳动者明示录用条件,并要求劳动者在回执上签字确认

④ 在劳动合同中明确约定录用条件或不符合录用条件的情形

⑤ 规章制度中也可以对一些共性问题加以确定,具体规定还必须以劳动合同或其他单行文件加以确认

图5-4 告知录用条件的形式

2.劳动者的告知义务

《劳动合同法》第八条对用人单位告知义务的规定是无条件的。而劳动者的说明义务是有条件的，只有在用人单位要求了解劳动者与劳动合同直接相关的情况时，劳动者才有如实说明的义务。与劳动合同直接相关的情况，一般包括劳动者的健康状况、知识技能、学历、职业资格、工作经历以及部分与工作有关的劳动者个人情况，如家庭地址、主要家庭成员构成等。

> **小提示**
>
> 用人单位不能任意扩大对劳动者知情权的范围，更不能以知情权为借口侵害劳动者的个人隐私。劳动者须向用人单位如实说明的仅限于与劳动合同直接相关的内容，而对于个人隐私可以拒绝回答。

二、不得招用童工

招用不满16周岁的未成年人为使用童工。

《劳动法》第十五条规定："禁止用人单位招用未满十六周岁的未成年人。文艺、体育和特种工艺单位招用未满十六周岁的未成年人，必须遵守国家有关规定，并保障其接受义务教育的权利。"

《禁止使用童工规定》第二条规定："国家机关、社会团体、企业事业单位、民办非企业单位或者个体工商户均不得招用不满16周岁的未成年人。禁止任何单位或者个人为不满16周岁的未成年人介绍就业。"

三、不聘用无合法证件的人员

《就业服务与就业管理规定》第十四条中明确规定，不得招用无合法身份证件的人员。

无合法证件将无法确认员工身份，无法为其办理社会保险，无法签订劳动合同。这也是为了用人单位日后能够充分行使用工管理自主权提供有利的条件。

四、不向求职者收取应聘费用

《人才市场管理规定》第二十五条规定:"用人单位招聘人才,不得以任何名义向应聘者收取费用,不得有欺诈行为或采取其他方式谋取非法利益。"

《就业服务与就业管理规定》第十四条中也明确规定,用人单位不得扣押被录用人员的居民身份证和其他证件;不得以担保或者其他名义向劳动者收取财物。

向求职者收取应聘费用、保证金或抵押金,扣押求职者学历证书或身份证件等,都应在招聘中避免。这种做法侵害了求职者的合法权益,劳动部门将会予以纠正和制止,对于非法收取的货币、实物、证件等,责令用人单位退还求职者。

五、不要轻视入职审查

轻视入职审查,将对用人单位用工带来很大风险,具体如下。

(1)如果没有进行入职审查,劳动者以欺诈手段入职的,可导致劳动合同无效。

(2)因未进行入职审查,而招用了与其他用人单位尚未解除或者终止劳动合同的劳动者。根据《劳动合同法》第九十一条的规定,用人单位招用与其他用人单位尚未解除或者终止劳动合同的劳动者,给其他用人单位造成损失的,应当承担连带赔偿责任。

为防范以上风险,企业在劳动者入职时应要求其提供与原单位解除劳动关系的证明,必要时可向原单位求证是否与其解除了劳动关系。同时,企业也应要求劳动者承诺未承担竞业禁止义务。

六、不要忽视入职前的体检

入职前的体检是检查劳动者是否存在潜在疾病、职业病的重要环节。很多企业可能为了节约体检费用,往往对入职的员工不进行严格的体检。在合同履行过程中,才发现员工先前就存在潜在的疾病或职业病。只要劳动者与用人单位建立劳动关系，劳动者至少有3个月的医疗期，医疗期满与劳动者解除合同也需要履行相应的程序，用人单位要支付相应的经济补偿金和医疗补助费。因此，对于企业来说最好的防范措施就是要求拟招用的劳动者提供一定资质医院出具的体检证明或由用人单位安排进行统一的健康检查。

七、建立员工档案

在新员工入职后，企业应为每位员工建立员工档案，记录员工在应聘及入职后的个人基本情况及考核、奖惩、职位、薪资变动情况。档案应包括以下信息：

（1）应聘简历及面试评价表；

（2）身份证、学历证书、户口本复印件；

（3）背景调查记录；

（4）入职登记表；

（5）体检表；

（6）员工转正工作总结、考核表；

（7）劳动合同；

（8）岗位变动记录；

（9）薪资调整记录；

（10）奖惩记录；

（11）保险缴纳记录；

（12）与公司签订的其他合同、协议；

（13）其他有必要纳入档案的资料；

（14）辞职申请。

以上文件中，由员工自己提交的，必须要求员工在上面签字。

另外，企业在要求员工填写入职登记表时，可以加上一条：员工保证向单位提供的信息均为本人真实信息，在上述信息发生变化时，及时与人力资源部联系变更，否则，因此而引发的一切后果由本人承担。从而避免因信息登记不全而给企业带来的风险。

第三节
高风险招聘对象的识别与防范

有招聘就会有风险。吸引到合适的人才，意味着企业获得了持续发展的动力和源泉；错过了合适的人才或者招聘了不合适的人才，则会给企业未来的发展带来不同程度的损失。风险客观存在，但我们不能采取"不作为"（不招聘或少招聘）的方法来规避。正确的做法应该是采取科学的态度和方法把风险降到最小。

一、主观原因造成的招聘风险

要想有效地降低招聘风险，HR必须弄清风险在哪里。就应聘者主观造成的招聘风险而言，由应聘对象能力不够而造成的招聘风险相对较小。因为只要智力正常，踏实肯干，能力是可以逐步培养的。但因为品行、性格等原因造成的虽有能力，但不能踏实、稳定地工作的人，则往往会给企业带来较大的招聘风险，因为品行、性格等形成已久的因素不是三两天能够改变的，更不是企业单方面所能改变的。这也是多数企业招聘员工时把品行、性格等因素放在第一位的原因。

二、客观原因造成的招聘风险

主观原因之外，年龄、职位、岗位人才稀缺程度等客观原因也是影响跳槽率高低的重要因素。一般说来，40岁以下、中高层职位、营销等与外界接触较多或稀缺程度较高的岗位的从业人员流动性较大，招聘风险较高。从性别上来看，男性的流动性则明显高于女性。而从工作年限上来看，工作时间在3年以下的人员流动性最大，其次是工作了3～8年的，最稳定的是工作了10年以上的。

当然，员工跳槽的另一个重要原因是所在企业不能提供很好的发展空间或合理的薪酬，这一点如果属实，则不是员工个人的责任，也就不会对制度健全合理的企业的招聘构成风险了。

三、深入调查应聘者的跳槽动机

人才流动是正常的，但如果应聘者跳槽过于频繁，HR一定要对他的跳槽动机做深入调查。如果调查结果证明他的跳槽原因是可以接受的，企业可以接受；反之可以拒绝。

比如，为了控制招聘风险，××企业设立了自己的防损部，在法律许可的范围内对持怀疑态度的应聘者进行学历、工作经历等真实性的调查，把不诚实、品行不好的应聘者排除出去。三次面试再加一次防损调查，可使企业的招聘效果相对比较理想。

此外，招聘时企业可为特定的职位选择特定的人才，尽可能让应聘者找到理想的定位，扬长避短，这样能够积极地规避招聘风险。

在验证求职者所提供信息的可靠性方面，部分企业采用了背景调查的方法。在发给求职者的"求职申请表"中，其中有"本人签字证明内容属实"一栏，这是为了让求职者对自己所提供的信息的真实性负责，以免倘若因为信息虚假而被解聘时无证可凭。

四、招聘后采取不同的考核措施

招聘完了，并不等于考核完了。现在企业对新聘任人员都有三个月左右的试用期，这实际上就是为控制招聘风险设立的用人制度。

与招聘阶段不同的是，应聘者进入试用期后，企业对他们的考核一般都是在具体工作中建设性地进行的。企业为应聘者提供良好的工作环境和培训机会，期待他们也能很好地发挥自己的工作和学习才干。但如果应聘者长时间进入不了状态，企业仍然拥有辞退权。

在这个阶段，针对不同情况的应聘者企业采取的考核措施也是有所差异的。

（1）针对应届毕业生，企业可以帮助他们规划自己的职业生涯，看他们能否像预期的那样找到自己理想的定位；或者在实际工作的锤炼中让他们展现自己合适与否的一面。

（2）如果新员工是已有丰富工作经验的高层人员，企业则可以先为其创造一个很好的工作环境，更多地着眼于为他提供与企业其他员工之间磨合的机会，再根据他的表现看他是否能胜任企业所委以的重任。

第四节 录用外国员工的风险与防范

随经济全球化的趋势，越来越多的外国人来到中国工作、生活。用人单位在聘用外国人时，应了解相关的法律知识以及法律风险。

一、关于外国人的界定

根据《外国人在中国就业管理规定》（以下简称《外国人就业规定》）第二条的规定，外国人是指按照《中华人民共和国国籍法》规定不具有中国国籍的人员。所以，确定员工是否属外国员工的依据是其拥有的国籍。

二、外国人在中国就业的条件

根据《外国人就业规定》第七条的规定，必须具备下列条件的外国人方可在中国境内就业：

（1）年满18周岁，身体健康；
（2）具有从事其工作所必需的专业技能和相应的工作经历；
（3）无犯罪记录；
（4）有确定的聘用单位；
（5）持有有效护照或能代替护照的其他国际旅行证件。

相关链接

《外国人就业规定》节选

第八条 在中国就业的外国人应持Z字签证入境（有互免签证协议的，按协议办理），入境后取得《外国人就业证》（以下简称就业证）和外国人居留证件，方可在中国境内就业。

未取得居留证件的外国人（即持F、L、C、G字签证者）、在中国留学、实习的外国人及持Z字签证外国人的随行家属不得在中国就业。特殊情况，应由用人单位按本规定规定的审批程序申领许可证书，被聘用的外国人凭许可证书到公安机关改变身份，办理就业证、居留证后方可就业。

外国驻中国使、领馆和联合国系统、其他国际组织驻中国代表机构人员的配偶在中国就业，应按《中华人民共和国外交部关于外国驻中国使领馆和联合国系统组织驻中国代表机构人员的配偶在中国任职的规定》执行，并按本条第二款规定的审批程序办理有关手续。

许可证书和就业证由劳动部统一制作。

第九条 凡符合下列条件之一的外国人可免办就业许可和就业证：

（一）由我政府直接出资聘请的外籍专业技术和管理人员，或由国家机关和事业单位出资聘请，具有本国或国际权威技术管理部门或行业协会确认的高级技术职称或特殊技能资格证书的外籍专业技术和管理人员，并持有外国专家局签发的《外国专家证》的外国人；

（二）持有《外国人在中华人民共和国从事海上石油作业工作准证》从事海上石油作业、不需登陆、有特殊技能的外籍劳务人员；

（三）经文化和旅游部批准持《临时营业演出许可证》进行营业性文艺演出的外国人。

第十条 凡符合下列条件之一的外国人可免办许可证书，入境后凭Z字签证及有关证明直接办理就业证：

（一）按照我国与外国政府间、国际组织间协议、协定，执行中外合作交流项目受聘来中国工作的外国人；

（二）外国企业常驻中国代表机构中的首席代表、代表。

三、用人单位的义务

（1）用人单位如聘用外国人，必须为该外国人申请就业许可。即向与用人单位劳动行政主管部门同级的行业主管部门提出申请，经获准后到劳动行政部门办理核准手续，取得《中华人民共和国外国人就业许可证书》后方可聘用。

（2）用人单位聘用外国人从事的岗位，应该是有特殊需要、国内暂缺适当人选且不违反国家有关规定的岗位。

四、签订劳动合同事宜的处理

（1）聘用外国人的用人单位与被聘用的外国人应该依法订立劳动合同，但是该劳动合同的订立和解除与聘用国内员工之间的劳动合同有所区别，如图5-5所示。

用人单位与被聘用的外国人应依法订立劳动合同，劳动合同的期限最长不得超过五年。劳动合同期限届满即行终止，但按《外国人就业规定》第十九条的规定履行审批手续后可以续订

被聘用的外国人与用人单位签订的劳动合同期满时，其就业证即行失效。如需续订，该用人单位应在原合同期满前三十日内，向劳动行政部门提出延长聘用时间的申请，经批准并办理就业证延期手续

被聘用的外国人与用人单位的劳动合同被解除后，该用人单位应及时报告劳动、公安部门，交还该外国人的就业证和居留证件

图5-5 外国员工签订劳动合同与国内员工的区别

（2）如该外国人系由在国外有总部的用人单位的总部派遣到国内工作，建议国内用人单位与总部明确在该员工的派遣方面的相关问题，包括派遣时间、工资待遇等。从理论上说，该外国人的劳动合同关系仍是与总部建立，与用人单位建立的是劳务关系。经向劳动部门咨询，如是由总部派遣，用人

单位无需与该员工签订劳动合同，而是由境外派遣单位出具相应的证明材料并注明聘雇期限。如相应的证明材料是外文的，需同时提供中文翻译件，翻译件由用人单位盖章。

（3）关于用人单位与外国员工发生劳动争议适用法律的问题，《外国人就业规定》第二十五条明确规定："用人单位与被聘用的外国员工发生劳动争议，应按照《中华人民共和国劳动法》和《中华人民共和国劳动争议调解仲裁法》处理。"

（4）劳动行政部门对就业证实行年检。用人单位聘用外国人就业每满一年，应在期满前三十日内到劳动行政部门发证机关为被聘用的外国人办理就业证年检手续。逾期未办的，就业证自行失效。

第五节 发放录用通知的风险与防范

通过一系列面试等程序，企业招聘到了满意的人才，从决定发出录用通知书起，就要防范一系列的风险。

一、录用通知的法律性质

用人单位一般会将报到时间、地点、工作岗位、薪酬待遇等以录用通知书的形式告知录用者，当录用者收到并同意时，双方就劳动关系订立便达成合意。由于其性质属于要约关系，用人单位在向录用者发送录用通知后，便不得随意撤回或撤销，否则将承担赔偿损失的责任。

"录用通知"在实务中也有企业称之为"聘用通知""聘用意向书""录取通知""聘用要约"等。

二、慎重编制录用通知

用人单位在经过招聘面试之后，对于合格的录用者都会发放录用通知。

在特殊的情况下，如果用人单位发出的录用通知在内容上符合法律规定的条件，即会构成事实法律意义上的"要约"，成为用人单位与求职者劳动关系的证据。所以，用人单位在发录用通知时，一定要谨慎设计其内容。

1.录用通知的分类

一般来说，录用通知分为两种。

第一种是要约性质的，它具备劳动合同的具体细节，劳动者一旦签订就具备了一定的法律效力。

第二种只是一种邀请的意思表示。为避免暗含通知是聘用合同的意思，在制定劳动者录用通知时，用人单位不妨将不予录用的除外情形逐一列明，并保留最终是否签订劳动合同的权利。

用人单位也可在录用通知中暗示录用通知的法律性质："劳动合同的订立以求职者到用人单位后经过双方细致协商方有最终的确定结果。"但也要注意一点，对于一些含金量高的人才，内容不确定的录用通知往往没有吸引力。如果用人单位已经完全确定要录用某求职者，则应采用要约性质的录用通知。如何拟定一个比较安全的录用通知，对用人单位是非常重要的。

2.编制录用通知的注意事项

用人单位在编制录用通知时应慎重，并注意表5-1所示的四个方面。

表5-1 编制录用通知的注意事项

序号	注意事项	具体说明
1	录用通知可附生效条件	由于录用通知发送后不得随意撤回或撤销，因此用人单位可在录用通知中附以生效条件，避免由此产生的法律风险。用人单位可注明要求劳动者提供原单位离职证明、社保记录、体检报告等材料，经审查合格，由双方签字盖章后生效。如可以事先在通知书中写明："本通知书有效的前提是个人提供的信息全部真实无讹，如发现有虚假陈述或与真实情况有出入，则本通知书不生效（或自动失效）。"
2	录用通知必备失效条款	为了应对实践中经常存在的应聘者提供虚假履历等情况，用人单位应在录用通知书中规定失效条款，并有权撤回或撤销录用通知，从而降低由此产生的法律风险

续表

序号	注意事项	具体说明
3	录用通知中应对岗位职责加以规定	用人单位应在录用通知中对岗位职责及录用条件或不符合录用的情形加以明确规定，并作为劳动合同的附件，以便对劳动者在试用期内是否符合录用条件及是否胜任工作进行考察
4	录用通知中应含有冲突条款	为了避免录用通知与劳动合同条款不一致而导致的风险，用人单位可对两者关系做出界定。由于劳动合同一般较录用通知更为完善，因此，用人单位可在录用通知中规定：录用通知在劳动合同签订后即失效，或两者不一致的以劳动合同为准

3.录用通知的措辞要谨慎

《中华人民共和国民法典》（以下简称《民法典》）第四百七十六条规定："要约可以撤销，但是有下列情形之一的除外：（一）要约人以确定承诺期限或者其他形式明示要约不可撤销；（二）受要约人有理由认为要约是不可撤销的，并已经为履行合同做了合理准备工作。"因此，如果录用通知书写明"请于×月×日之前答复"或"请于×月×日之前办理报到"，则该要约不可撤销，用人单位只能等待对方的决定。因此，如果用人单位不能确保录用通知发出后不会有任何变化，就不要设置以上内容。

另外，如果录用通知里写明"请于×月×日之前办理报到"，则劳动者有权不经反馈即向原用人单位辞职和准备报到事宜。如果劳动者向原用人单位辞职后，用人单位发生变化不再聘用的，应当赔偿造成劳动者的工资及差旅等损失。鉴于该要约是不可撤销的，如果劳动者坚持要求报到上班，则其要求也可能被司法支持。

经典案例

录用通知书引发的纠纷

王某原就职于北京某联盟品牌管理公司，任供应链总监一职。2019年9月10日，经某猎头公司推介，上海某企业管理公司邀请王某担任本公司供应链副总裁职务。经多轮面试，该公司向王某寄发了录用通知书及薪酬福利通知函。

其中，录用通知书载明了王某的职位、薪资福利、报到时间等。王某觉得满意，遂回复表示同意入职。随后王某辞去了原公司职务，前往上海，准备入职该公司。但令人意想不到的是，该公司以王某学历存在问题为由，提出延期入职。其后又以王某不符合录用条件为由，不再为其办理入职手续。王某无奈，只能寻求劳动仲裁部门救助。

点评：

根据《民法典》的规定，载有明确岗位信息、薪资待遇、报到时间的录用通知书，内容具体明确，应属要约。该公司向王某发出录用通知书，王某亦在规定时间内予以回复，该要约已因承诺而生效，双方就王某入职已达成合意，具有法律上的约束力。本案中，王某因履行该合意，辞去原任职岗位，系基于对该录用通知书的信赖，因此，该公司因自身原因不能履行订立劳动合同、办理入职手续的义务，构成违约，应赔偿王某因此遭受的全部经济损失。

三、谨慎发放录用通知

录用通知在法律英语中的含义是"要约"。根据《民法典》第四百七十二条的规定，"要约是希望与他人订立合同的意思表示，该意思表示应当符合下列条件：（一）内容具体确定；（二）表明经受要约人承诺，要约人即受该意思表示约束。"因此，录用通知一旦发出，就对用人单位产生法律约束。

鉴于录用通知书在实务中可能被视为"要约"，因此，建议用人单位在确定发出录用通知书时，应保持必要的谨慎。

1.录用通知与体检的顺序

应确保对该应聘者的录用已经深思熟虑。最好在完成背景调查及入职体检后再行发出。最好先让劳动者参加入职体检，在体检合格以后再发出录用通知书。这样，一方面，因为在录用通知发出后，如果企业因员工体检不合格而拒绝录用的话,则很容易被视为就业歧视,引起诉讼风险;另一方面,也可以降低企业的解聘成本,如果发出录用通知之后再让员工体检,体检中如果发现劳动者患有某种疾病,则可能会在用工期间产生病假、医疗期等一系列后续问题,加大企业解聘的成本。

2.明确录用通知书失效的情形

在制作和发出录用通知书时,应注意明确应聘者的承诺期限,即明确要求应聘者限期回复,否则公司有权取消该录用或招录他人;其次,明确约定应聘者未按约定报到的,视为违约,应承担相应的违约责任。

第六节 员工试用期间的风险与防范

试用期管理是一种"风险投资"。用人单位如果对员工试用期的管理缺乏足够的重视,或缺少合理的方法,都会带来"投资"的风险。

一、不签订劳动合同的风险

在实践中,很多企业认为:在试用期内不与员工签订劳动合同,只是以口头或是在入职登记表、员工手册中载明试用期等方式约定试用期,这样企业就会在劳动争议中占主动地位。其实企业的这种认识是错误的,其结果往往适得其反。

《劳动合同法》第十九条第四款规定:"试用期包含在劳动合同期限内。劳动合同仅约定试用期的,试用期不成立,该期限为劳动合同期限。"由此可以看出,除了在书面劳动合同中约定的试用期外,其他形式一般不会被法律认可。如企业在试用期内不签订书面劳动合同,会被法律认定为企业与劳动者之间形成事实劳动关系,企业将会面临付出双倍工资或与劳动者签订无固定期限合同的风险。

二、单独签订试用期合同的风险

有的企业会想:试用期不签订劳动合同对于企业是非常不利的,那么我与员工签订一个单独的试用期合同,是不是就可以避开法律规定?答案是否定的。根据《劳动合同法》第十九条第四款的规定,劳动合同仅约定试用期的,试用期不成立,该期限为劳动合同期限,也就是说企业放弃了试用期,所谓单独的试用期合同实为一次固定期限劳动合同,而连续两次订立固定期限劳动合同的,则需订立无固定期限劳动合同,这对于企业来说实在是得不偿失。

三、不得约定试用期的合同类型

并非所有的劳动合同均可约定试用期。

(1)《劳动合同法》第十九条第三款规定:"以完成一定工作任务为期限的劳动合同或者劳动合同期限不满三个月的,不得约定试用期。"

(2)《劳动合同法》第七十条规定:"非全日制用工双方当事人不得约定试用期。"

四、延长试用期期限的风险

在试用期期间,劳动关系处于非正式状态,对于企业来说,可以防范用工风险,但有时却往往被企业滥用,比如企业单方面延长试用期。根据《劳动合同法》第十九条第一款、第二款的规定:"劳动合同期限三个月以上不满一年的,试用期不得超过一个月;劳动合同期限一年以上不满三年的,试用期不得超过二个月;三年以上固定期限和无固定期限的劳动合同,试用期不得超过六个月。同一用人单位与同一劳动者只能约定一次试用期。"

因此,企业是不能超标准约定试用期的,超过法定部分的无效,企业还有可能面临行政处罚和赔偿金,违法约定试用期已履行的,按照试用期满月工资为标准,按违法月数向劳动者支付补偿金。对于企业来说,可更多将眼光放在如何巧妙设置合同期限,在合法的范围内使试用期最长,试用期选择最好避开节假日,这样考察员工的时间就可相对较多。

试用期的延长是存在一定法律风险的,延长试用期并不是企业单方就可以行使的权利,而是必须和员工协商一致的结果。因此在延长试用期时,图5-6所示的几点需要引起用人单位注意。

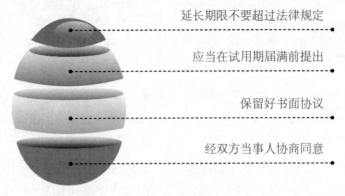

图 5-6　延长试用期的注意事项

1. 延长期限不要超过法律规定

试用期的延长不要超过法律规定的期限,这是延长试用期的前提。如果超过法律规定的期限,即使企业有与员工协商一致的书面协议,发生争议时,仍然会被裁定违法,承担相应法律责任。

2. 应当在试用期届满前提出

其一,劳动合同双方当事人任何一方认为需要延长试用期的,必须在劳动合同生效后、在试用期届满前提出。前者是提出延长试用期的存在要件,只有在劳动合同生效后,双方已经约定了试用期限,并在此基础上提出延长试用期的意向;后者是提出延长试用期的合法要件,必须在试用期届满前提出,如果试用期届满再提出延长试用期,为二次约定试用期,违反《劳动合同法》强制性规定。

其二,用人单位与劳动者订立劳动合同,双方约定无试用期的,在用工之日前,双方当事人任何一方均可向对方提出增加试用期的意向;用工之后,则不得再提出增加试用期,如前所述,约定试用期并非法律强制性规定,用人单位开始用工后,表示放弃了对劳动者进行试用的权利,不得再向劳动者提出增加试用期。

3.保留好书面协议

因延长试用期属于对劳动合同的变更，如果缺少员工的书面签字，将变成企业的单方行为，若员工日后提起仲裁，或对此产生争议，企业仍然难逃违法的法律风险。

4.经双方当事人协商同意

《劳动合同法》第三十五条规定："用人单位与劳动者协商一致，可以变更劳动合同约定的内容。"可见，变更劳动合同是法律赋予合同双方当事人的权利，是授权性规范，并非法律强制性规定。

在实务中，用人单位和劳动者任何一方，认为需要延长试用期的，均可以向对方提出意向（一般是用人单位向劳动者提出），发出要约，对方在接到要约后，作出相关意思表示，或拒绝，或同意，或进一步协商，无论哪种意思表示，双方当事人都应当在完全自愿的前提下，表达自己的真实意思。需进一步协商延长试用期的，双方当事人应当就延长的相关期限、待遇等，依照平等自愿、诚实信用的原则，进行充分沟通，任何一方不得将自己的意思强加在对方身上。任何一方不同意延长的，另一方不得单方面延长。

五、试用期内降低福利待遇的风险

在试用期内降低员工福利待遇的情形主要有以下三种。

1.试用期工资低于法定标准

有的企业认为试用期不是正式用工，可少给工资甚至不给工资，社保就更不用办理了。事实上，企业的这种认识是错误的。

《劳动合同法》第二十条规定："劳动者在试用期的工资不得低于本单位相同岗位最低档工资或者劳动合同约定工资的百分之八十，并不得低于用人单位所在地的最低工资标准。"由此看来，企业在试用期发放的工资并不是随意决定的，必须要符合图5-7所示的两个标准。

为了避免企业在试用期支付给员工的工资过高，针对《劳动合同法》第二十条的规定，企业可进一步细分公司岗位，通过制定具体详细的职位等级

图 5-7　企业在试用期发放工资要符合的标准

和工资等级来避免相应的法律风险。另外还可就奖金或效绩工资等通过绩效考核按月确定,在劳动合同上只约定基本工资,这样就为企业在以后相应的纠纷中争取了主动权。

2.不为员工缴纳社保

《劳动合同法》第十九条明确规定,试用期包含在劳动合同期限内。《劳动法》第七十二条也明确规定,用人单位和劳动者必须依法参加社会保险,缴纳社会保险费。因此一旦企业与员工建立劳动关系,签订了劳动合同,就要依法为员工缴纳社会保险。现实中部分企业或是心存侥幸或是没有重视,都没有为试用期的员工缴纳社保,但从发生的很多案例来看,员工在试用期期间发生工伤而引发的纠纷非常多,企业莫要因小失大。一旦意外发生,和几个月试用期的社保费相比,对员工的赔偿费将是更大的数额。

3.不让员工享受医疗期待遇

医疗期,是指劳动者在劳动合同期内患病或非因工负伤,依法享有停止工作治疗休息的时间。试用期是劳动合同期限的一个不同阶段,并不影响双方间存在劳动关系的认定。因此试用期的员工也应享受企业为其缴纳社保等待遇,医疗保险也属于其中,试用期员工患病或非因公负伤,企业是不能随意解除劳动合同的。《劳动合同法》第四十八条规定,用人单位违反本法规定解除或终止劳动合同,劳动者要求继续履行劳动合同的,用人单位应当履行;劳动者不要求继续履行劳动合同或劳动合同已经不能继续履行的,用人单位应依照《劳动合同法》第四十七条规定的经济补偿标准的两倍向劳动者支付赔偿金。用人单位支付补偿金后,劳动合同解除或者终止。

因此针对试用期患病或非因公负伤的员工，企业的做法是按规定给予员工相应的医疗期，待期满后，如果员工不能从事原工作，也不能从事另行安排的工作时，才能以"不胜任工作"解除劳动合同，但要支付经济补偿金；如果劳动者在试用期内发生工伤事故，应当给予工伤保险待遇。如用人单位未缴纳工伤保险费，由用人单位按照法律规定的工伤保险项目和标准支付费用。

相关链接

《劳动合同法》关于经济补偿的计算

第四十七条　经济补偿按劳动者在本单位工作的年限，每满一年支付一个月工资的标准向劳动者支付。六个月以上不满一年的，按一年计算；不满六个月的，向劳动者支付半个月工资的经济补偿。

劳动者月工资高于用人单位所在直辖市、设区的市级人民政府公布的本地区上年度职工月平均工资三倍的，向其支付经济补偿的标准按职工月平均工资三倍的数额支付，向其支付经济补偿的年限最高不超过十二年。

本条所称月工资是指劳动者在劳动合同解除或者终止前十二个月的平均工资。

六、试用期解除劳动合同的风险

有的企业认为，试用期既然是双方互相了解的过程，那么我就可以随时随意解除合同，其实这种想法也是错误的。

1.可解除劳动合同的情形

《劳动合同法》第二十一条规定："在试用期中，除劳动者有本法第三十九条和第四十条第一项、第二项规定的情形外，用人单位不得解除劳动合同。用人单位在试用期解除劳动合同的，应当向劳动者说明理由。"

也就是说，员工只有在试用期存在重大过错、医疗期满不能胜任工作或员工不能胜任工作的情形下，企业才可以在试用期解除劳动合同。但是，要

解除劳动合同，首先要证明自己对该职位有录用条件，同时对该员工不符合录用条件还负有举证义务。企业在试用期解除劳动合同要记住以下两点。

（1）试用期内解除劳动合同要符合法定程序。

（2）试用期内解除劳动合同必须要有充分的证据，用人单位在员工开始工作前应告知其录用条件，同时在工作中要做好试用期员工的考核记录，不能仅以试用期不合格的理由解除劳动合同。

2.解除劳动合同的程序

（1）用人单位在试用期解除劳动合同的，应当向劳动者说明理由，这里的"说明理由"，法律并未规定一定得采取书面形式，但从举证角度出发，建议采用书面形式，并且要求劳动者签收。

（2）用人单位在试用期内解除劳动合同，也应当事先将理由通知工会。用人单位违反法律、行政法规规定或者劳动合同约定的，工会有权要求用人单位纠正。用人单位应当研究工会的意见，并将处理结果以书面形式通知工会。

（3）用人单位需制作《解除劳动合同通知书》送达给劳动者，同时向劳动者出具解除或者终止劳动合同的证明，并在十五日内为劳动者办理档案和社会保险关系转移手续。

相关链接

试用期辞退员工的正确方法

用人单位如果想解除试用期员工合同，比较常见就是用人单位证明劳动者不符合录用条件，这也是法律赋予用人单位在试用期辞退劳动者的一项特权。但是，这也是最容易被用人单位忽视的关键点。用人单位要避免试用期辞退员工的败诉风险，必须在这一关键点上下功夫。具体而言，要做好以下几方面工作。

1.招聘时：变"事后考核"为"事前考察"

在实践中，很多企业招聘员工不太注重录用前的应聘员工评估和考察工作，习惯于把工作放在事后考核，即先把员工招进来再说，如果不合适就在试用期辞退。其实，这种做法是危险的，用人单位解除劳动合同尤其是试用期的劳动合同是受到严格限制的。在这种背景下，用人单位在招聘员工时，必须转变观念，变"事后考核"为"事前考察"，尤其是对一些重点员工，招聘时要慎重，要做好员工的背景调查工作，把好面试关，重要岗位由部门经理、人力资源部联合面试，确保能招到合适的人员。

此外，需要指出的是，用人单位还必须事先对录用条件进行公示。公示，简单说来，就是要让员工知道用人单位的录用条件，从法律的角度来说，就是用人单位有证据证明员工知道了本单位的录用条件。那如何进行公示呢？方法有以下几种：

（1）通过招聘公告来公示，并采取一定方式予以固定，以便为诉讼保留证据；

（2）招聘员工时向其明示录用条件，并要求员工签字确认；

（3）劳动关系建立以前，通过发送聘用函的方式向员工明示录用条件，并要求其签字确认；

（4）在劳动合同中明确约定录用条件或不符合录用条件的情形等。

2. 录用前：将"录用条件"具体化、书面化

试用期解除劳动合同的理由比较常见的是，员工在试用期内被证明不符合录用条件。因此，企业要想利用这一法律规定来保护自己的权益，就必须在招聘时对录用条件做出具体明确的规定。

（1）对录用条件一定要明确化、具体化。切忌一刀切以及将录用条件空泛化，抽象化。

比如说符合岗位要求，就不能仅仅说符合岗位要求，而应该把岗位要求是什么，怎么衡量是否符合岗位要求固定下来。

（2）"录用条件"应该是共性和个性的结合。所谓"共性"即所有岗位的员工都应该具备的基本条件。比如诚实守信，在应聘的时候如实告知自己与工作相关的信息，包括自己的教育背景、身体状况、工作经历等。所谓"个性"即每个企业、每个岗位或者职位都有自己的特殊要求。有的有学历要求，要求获得相应证书；有的有技术的要求，比如能符合企业招聘时对岗位职责的描述等。"录用条件"的共性可以通过规章制度进行明确，"录用条件"的个性则可以通过劳动合同、单独的协议等进行明确。

> **3. 录用后：试用期考核，定期＋不定期**
>
> 录用条件明确并向劳动者公示后，接下来就要进行试用期的考核。因为用人单位要解除试用期员工的劳动合同，举证责任在用人单位，而要证明劳动者不符合录用条件，需要以考核结果为依据。当然，考核需要围绕事先设定的录用条件进行考核。考核的方式，可以采用定期考核与不定期考核相结合的方式进行。
>
> **4. 届满前：员工或去或留必须做选择**
>
> 经过试用考核，如果暂时还难以确定其是否符合录用条件的，不能通过延长试用期来继续考核。因为"不符合录用条件"解除劳动合同，仅仅限于在试用期内可用，一旦超过试用期，用人单位就不能以此为由解除劳动合同。
>
> 所以，试用期届满前，必须对试用期的员工去留做一个选择，如果不太符合录用条件的，需要按照"从严控制"原则在试用期内以不符合录用条件为由解除劳动合同。当然，用人单位以此为由解除劳动合同，必须找出劳动者不符合录用条件的地方。

第七节 签订劳动合同的风险与防范

劳动合同关系到劳动者的权利义务，是与用人单位之间劳动关系的重要的凭证，劳动合同的签订过程中也存在诸多的风险，所以企业在拟定及与员工签订劳动合同的时候应该注意法律风险的防范。

一、谨慎拟订劳动合同

劳动合同并不完全是双方意思协商的结果，劳动合同的各项条款基本都有法律的强制性规定，并且有些连具体标准都是法定的，比如社会保险、休息休假、经济补偿、违约责任等，当事人双方几乎都没有协商的自由和余地。总体来讲，劳动合同对于劳资双方来讲都没有多少文章可做，合同的内容基本已被法律的规定所代替。

劳动合同里真正需要双方协商确定的，只有合同期限、劳动报酬、工作内容和地点。

劳动合同里可由双方协商的部分，是企业需要着力研究的地方。

1.劳动合同无效的法律风险

（1）尽可能避免擅自变更劳动合同。

（2）充分认识劳动合同的特殊性，理解法律法规的相关规定，尽量避免使用排除企业法定责任的合同条款。

（3）避免合同条款与法律法规强制性规定相抵触。

2.合同条款约定不明的法律风险

（1）参照劳动部门的劳动合同范本制定合同条款时，应结合企业的实际情况。

（2）合同内容应详简得当，对于法律、行政法规有强制性规定的内容，只写按照规定执行即可。对法律、行政法规无明确规定或允许自由约定的内容，特别是易产生争议的内容，应当详细约定。

（3）合同语言表达应明确易懂，以免发生争议。

二、必须订立书面劳动合同

1.订立劳动合同应当采用书面形式

劳动合同作为劳动关系双方当事人权利和义务的协议，也有书面形式和口头形式之分。

《劳动法》和《劳动合同法》明确规定，劳动合同应当以书面形式订立。用书面形式订立劳动合同严肃慎重、准确可靠、有据可查，一旦发生争议时，便于查清事实，分清是非，也有利于主管部门和劳动行政部门进行监督检查。另外，书面劳动合同能够加强合同当事人的责任感，促使合同所规定的各项义务能够得到全面履行。

2. 未在建立劳动关系时订立书面劳动合同的情况处理

对于已经建立劳动关系，但没有同时订立书面劳动合同的情况，要求企业与员工应当自用工之日起一个月内订立书面劳动合同。

（1）根据《劳动合同法》第十四条的规定，用人单位自用工之日起满一年不与劳动者订立书面劳动合同的，视为用人单位与劳动者已订立无固定期限劳动合同。

（2）企业未在用工的同时订立书面劳动合同，与员工约定劳动报酬不明确的，新招用员工的劳动报酬应当按照企业或者行业集体合同规定的标准执行；没有集体合同或者集体合同未作规定的，企业应当对员工实行同工同酬。

（3）企业自用工之日起超过一个月但不满一年未与员工订立书面劳动合同的，应当向员工支付两倍的月工资。

3. 先订立劳动合同后建立劳动关系的情况

在现实中也有一种情况，企业在招用员工进入工作岗位之前先与员工订立了劳动合同。对于这种情况，其劳动关系从用工之日起建立，其劳动合同期限、劳动报酬、试用期、经济补偿金等均从用工之日起计算。

三、避免签无效劳动合同

无效的劳动合同是指由当事人签订成立而国家不予承认其法律效力的劳动合同。一般合同一旦依法成立，就具有法律约束力，但是无效合同即使成立也不具有法律约束力，不发生履行效力。

导致劳动合同无效的原因有以下四个方面，具体说明如表5-2所示。

四、劳动合同文本由用人单位和员工各执一份

劳动合同文本应当由用人单位和员工各执一份，用人单位不得以种种理由拒绝将属于员工本人的劳动合同归还员工，这种做法直接侵害了员工的合法权益，是不合法的。

表 5-2 劳动合同无效的原因

序号	原因	表现形式
1	劳动合同因违反国家法律、行政法规的强制性规定而无效	（1）用人单位和员工中的一方或者双方不具备订立劳动合同的法定资格，如签订劳动合同的员工一方必须是具有劳动权利能力和劳动行为能力的公民。企业与未满十六周年的未成年人订立的劳动合同就是无效的劳动合同（国家另有规定的除外） （2）劳动合同的内容直接违反法律、法规的规定，如员工与矿山企业在劳动合同中约定的劳动保护条件不符合《中华人民共和国矿山安全法》的有关规定，他们所订立的劳动合同是无效的 （3）劳动合同因损害国家利益和社会公共利益而无效
2	订立劳动合同因采取欺诈手段而无效	（1）在没有履行能力的情况下签订合同。如根据《劳动法》的规定，从事特种作业的员工必须经过专门培训并取得特种作业资格，应聘的员工并没有这种资格，提供了假的资格证书 （2）行为人负有义务向他方如实告知某种真实情况而故意不告知的
3	订立劳动合同因采取威胁手段而无效	威胁是指当事人以将要发生的损害或者以直接实施损害相威胁，一方迫使另一方处于恐怖或者其他被胁迫的状态而签订劳动合同，可能涉及生命、身体、财产、名誉、自由、健康等方面
4	用人单位免除自己的法定责任、排除员工权利的劳动合同无效	劳动合同简单化，法定条款缺失，仅规定员工的义务，有的甚至规定"生老病死都与企业无关""用人单位有权根据生产经营变化及员工的工作情况调整其工作岗位，员工必须服从单位的安排"等霸王条款

五、对拒签劳动合同的员工立即终止劳动关系

《中华人民共和国劳动合同法实施条例》（以下简称《劳动合同法实施条例》）第二章第五条规定："自用工之日起一个月内，经用人单位书面通知后，劳动者不与用人单位订立书面劳动合同的，用人单位应当书面通知劳动者终止劳动关系，无需向劳动者支付经济补偿，但是应当依法向劳动者支付其实际工作时间的劳动报酬。"

对于用人单位来说，考虑到劳动争议案件中的举证责任分配，为了减少

风险及增加工作量,用人单位在与劳动者建立劳动关系之日起一个月内应尽快安排与其签订劳动合同,发现有可能拒签合同情形的劳动者,在满一个月前应立即书面通知终止与其之间的劳动关系。如果已经满一个月的,也要立即书面通知终止劳动关系,但此时需要支付经济补偿金和双倍工资。

对于这些没有诚信的劳动者来说,他们在今后的工作中一般也会存在这样那样的问题。所以,用人单位立即终止与他们之间的劳动关系,虽然会损失一些招聘成本,但是可以避免支付双倍工资及经济补偿金,以及减少以后可能出现的更多损失。

用人单位在按这一规定具体操作时需要注意一个细节,就是对于书面终止通知应注意通知送达证据的保存。用人单位在录用员工时便让员工在入职声明或员工简历中书面确认接收用人单位书面文件的送达地址,那么用人单位在终止劳动关系时可以通过快递方式邮寄通知并保存邮寄单,证明自身依法终止与拒签劳动合同劳动者之间的劳动关系,可以避免陷入违法解除合同的情形。

另外,用人单位最好向所在地劳动部门咨询如何处理。如果有用人单位咨询过的记录,将来该员工向劳动部门投诉时,这会减少一些后续麻烦。

六、高级管理人员劳动合同的法律风险

(1)根据高管人员和岗位工作的实际情况专门制定劳动合同条款。

(2)签署保密协议。

(3)为高管人员提供专项培训的,约定高管人员的服务期,及当其违反服务期约定时应承担的责任。

(4)签署竞业限制协议,明确竞业限制的行业范围、地域、期限和经济补偿的支付方式,及其违反竞业限制义务时所应承担的责任。

(5)高度重视高管人员劳动合同的合法性,避免争议发生。

(6)做好高管人员劳动合同及其他协议的保密工作。

七、为员工办理社会保险

《中华人民共和国社会保险法》第五十八条明确规定,用人单位应当自用

工之日起三十日内为其职工向社会保险经办机构申请办理社会保险登记。

1. 首次参保职工如何办理新建个人档案

新招用员工如果在"金保"系统中无微机档案（即无个人编号），需要通过网上申报系统建立个人微机档案。

2. 已参保职工如何办理转入接收

当原用人单位已将参保职工转出至新参保单位时，新参保单位可以通过网上申报系统直接办理转入接收。

【疑难解答】▶▶▶

 员工提供虚假信息入职是否必然导致劳动合同无效？

答：根据《民法典》第一百四十六条规定，行为人与相对人以虚假的意思表示实施的民事法律行为无效。

实践中，员工提供虚假信息并不必然导致劳动合同无效，或者并不一定属于可以解除劳动合同的行为，通常需要考虑员工提供的虚假信息、资料对录用、履行劳动合同、工作内容是否存在实质影响和不利因素。

如果这些虚假的信息、资料对履行劳动合同、工作内容等没有任何实质影响，认定劳动合同无效或者解除劳动合同，通常在法律上无法得到支持。

建议按照不诚信行为给予劳动纪律处分则相对比较稳妥，或者将违反诚信的行为作为严重违纪情形之一。

员工以说谎方式订立的劳动合同是否有效？

答：根据《民法典》第一百四十八条规定，一方以欺诈手段，使对方在违背真实意思的情况下实施的民事法律行为，受欺诈方有权请求人民法院或者仲裁机构予以撤销。

实践中，员工的行为是否构成"欺诈"，需要同时具备以下四个条件：

员工主观上有欺诈的故意，故意引诱企业做出错误的签订劳动合同的决定；欺诈行为是客观存在的，可以是隐瞒真相，也可以是捏造事实；因为受到欺诈而陷于错误认识；企业基于自己的错误认识而违背内心真实的意思表示。

如果，员工隐瞒的涉及就业歧视的信息，或者与签订劳动合同无关的信息，或者企业招聘条件无关的信息，通常不会被认定为欺诈。容易构成欺诈的情形包括捏造、伪造工作履历、经验、学历、职业资格造假等，如果企业没有把这些信息作为应聘、订立劳动合同的必备条件，亦无法构成欺诈。

[Q&A] 公司利用员工不懂法律订立的劳动合同是否有效？

答：《民法典》第一百五十一条规定，一方利用对方处于危困状态、缺乏判断能力等情形，致使民事法律行为成立时显失公平的，受损害方有权请求人民法院或者仲裁机构予以撤销。

故此，在签订协商解除（补偿）协议时，应当向员工释明补偿的法律依据、标准、计算方式等内容，如果通过利用员工不懂相关的法律知识，或者缺乏判断的能力，而达成相关协议，这样协议则存在被撤销的可能。

[Q&A] 与员工签署的合同、协议开始、结束时间如何计算？

答：根据《民法典》第二百零一、二百零二、二百零四条规定：按照年、月、日计算期间的，开始的当日不计入，自下一日开始计算。按照小时计算期间的，自法律规定或者当事人约定的时间开始计算。按照年、月计算期间的，到期月的对应日为期间的最后一日；没有对应日的，月末日为期间的最后一日。期间的计算方法依照本法的规定，但是法律另有规定或者当事人另有约定的除外。

实践中，有些企业在签署劳动合同时，由于对日期把握不够准确，导致劳动合同期限整年多出 1 天，这样在计算经济补偿时，超过 1 天，需要按照半个月支付经济补偿，结果因小失大。

[Q&A] 电子劳动合同、通过邮件签署的劳动合同属于书面形式吗？

答：根据《民法典》第四百六十九条规定，书面形式是合同书、信件、电报、电传、传真等可以有形地表现所载内容的形式。

以电子数据交换、电子邮件等方式能够有形地表现所载内容，并可以随时调取查用的数据电文，视为书面形式。简言之，电子劳动合同属于法律认可的书面形式。

[**Q/A 有了录用通知，是否就可以不签劳动合同？**]

答：根据《劳动合同法》第十条规定，建立劳动关系，应当订立书面劳动合同。这从法律层面上明确了劳动关系建立之前签订的录用通知不能代替劳动合同。录用通知是用人单位和被录用者就建立劳动关系达成的合意，是合同法下的权利义务主体，不符合劳动关系的内容和基本要素。在一般情况下，录用通知也无法满足劳动合同法对劳动合同八大基本要素的要求。所以，即使有了录用通知，也要与员工签订正式的劳动合同。